진짜 내 옷을 입어요

어린이 인문학 동화

진짜 내 옷을 입어요

초판 1쇄 발행 2024년 10월 25일

글쓴이 | 최형미, 현정   그린이 | 나수은
펴낸이 | 김사라   펴낸곳 | 해와나무
편집장 | 임수현   디자인 | 한아름   마케팅 | 박선정
출판 등록 | 2004년 2월 14일 제312-2004-000006호
주소 | 서울특별시 영등포구 양산로23길 17 2층
전화 | (02)364-7675(내용), 362-7675(구입)   팩스 | (02)312-7675
ISBN | 978-89-6268-321-9 73300

ⓒ 최형미, 현정, 나수은 2024

· 값은 뒤표지에 있습니다.
· 책 내용의 일부 또는 전부를 인용하거나 발췌하려면 반드시 저작권자와 출판사 양측의 서면 동의를 구해야 합니다.

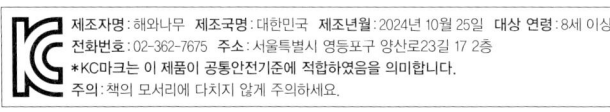

어린이 인문학 동화

진짜 내 옷을 입어요

최형미·현정 글 나수은 그림

해와나무

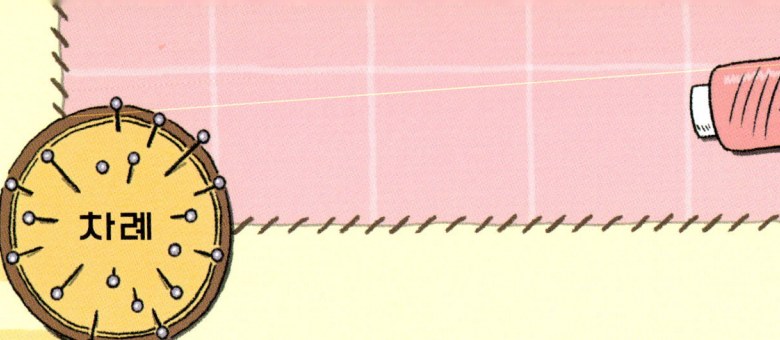

차례

1. 아침마다 전쟁이야 ······ 6
☆ 옷은 왜 필요할까? ······ 14
  · 언제부터 옷을 입었을까? ······ 15
  · 옷을 입는 이유 ······ 16

2. 새 옷이 좋아 ······ 18
☆ 옷은 어떻게 관리할까? ······ 26
  · 옛날에는 옷을 어떻게 빨았을까? ······ 27
  · 세탁 기호로 알아보는 옷 관리법 ······ 28

3. 네 옷은 어떤 브랜드니? ······ 30
☆ 브랜드와 유행은 무엇일까? ······ 38
  · 브랜드는 언제부터 생겼을까? ······ 39
  · 계속 바뀌고 바뀌는 유행 ······ 40

4. 저 옷이 꼭 사고 싶어! ······ 42
☆ 멋이 가장 중요할까? ······ 50
  · 옷을 빛내는 친구들은 누구일까? ······ 51
  · 상황에 맞는 옷차림 ······ 52

5. 이럴 줄 알았어 ····· 54
☆ 옷은 어떻게 만들어질까? ····· 62
　· 실과 바늘의 혁명은 무엇일까? ····· 63
　· 다양한 옷감의 섬유 ····· 64

6. 이상한 옷 ····· 66
☆ 옷을 특별하게 만들어 준다고? ····· 74
　· 털옷 말고도 추위를 막아 주는 옷이 있다고? ····· 75
　· 하얀 천에 색을 입히는 방법 ····· 76

7. 특별한 옷 ····· 78
☆ 특별한 날에만 입는다고? ····· 86
　· 뜻깊은 날에 입는 귀한 옷이 있다고? ····· 87
　· 다른 나라의 전통 의상 ····· 88

8. 나만의 옷 ····· 90
☆ 옷에도 과거와 현재, 미래가 있다고? ····· 96
　· 옷의 과거는 어떠했을까? ····· 97
　· 옷의 현재와 미래 ····· 98
　· 옷의 진정한 의미 ····· 100

작가의 말 ····· 102

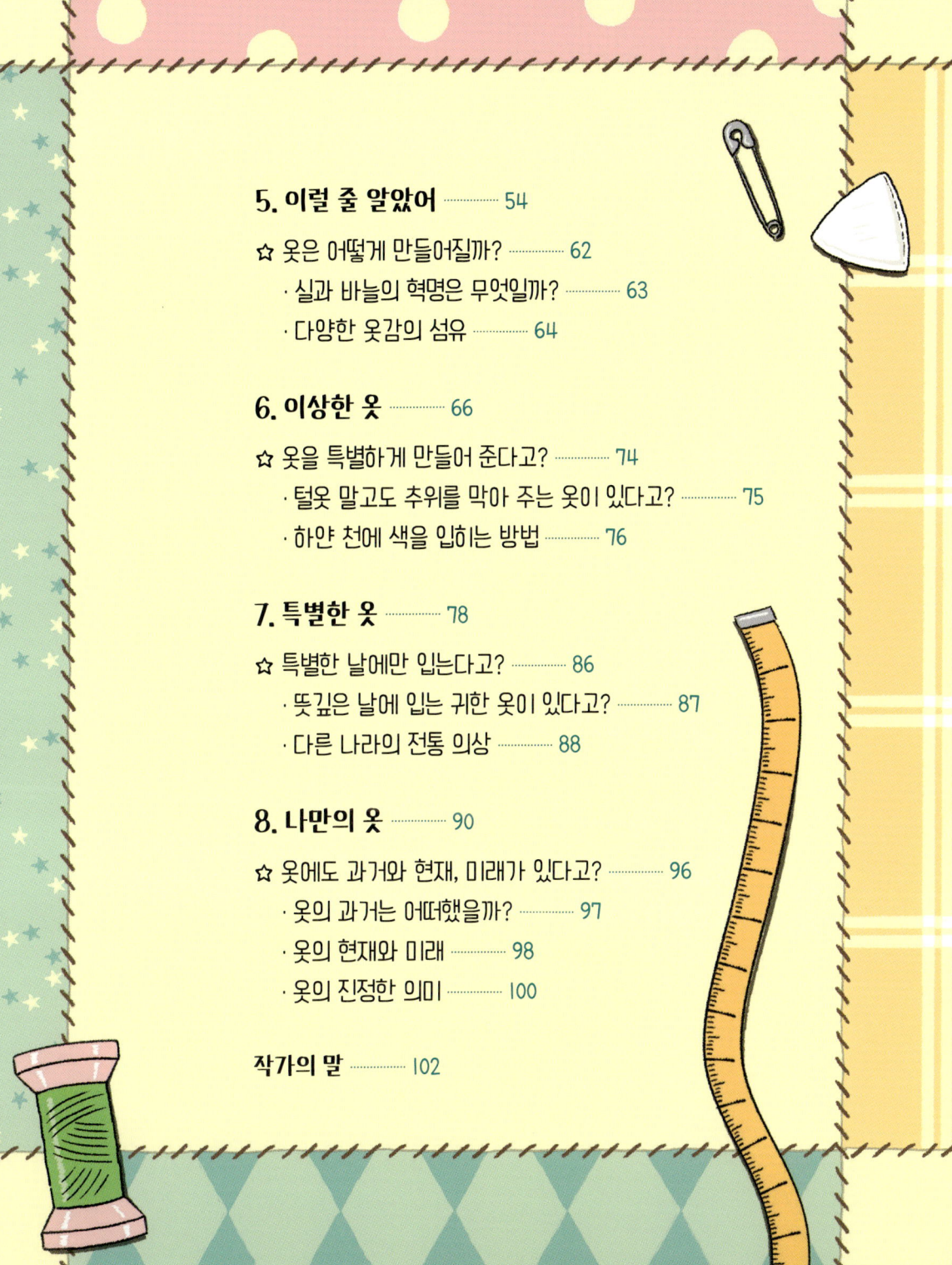

1. 아침마다 전쟁이야

"휴."

서연이는 미간을 잔뜩 찡그린 채 한숨을 내쉬었어요. 아무리 뒤적거려도 없어요. 옷장, 서랍 구석구석까지 찾고 또 찾아도 없다고요.

"서연아, 왜 이렇게 꾸물거려? 너 그러다 지각해!"

주방에서 들려오는 엄마 목소리가 점점 높아지고 있어요. 조금만 더 꾸물거리면 서연이 방문이 벌컥 열리고 말 거예요. 그럼 난장판이 된 서연이 방을 보고 엄마가 또 잔소리 폭탄을 쏠 거예요. 하지만 어떻게 해요. 없어요. 학교에 입고 갈 옷이 하나도 없다고요.

오늘은 수요일이에요. 서연이가 제일 좋아하는 날이지요. 이런 날에 아무거나 입고 갈 수는 없잖아요. 좀 근사한 옷을 입고 싶다고요. 그런데 아무리 옷장을 뒤적거려 보아도 근사한 옷이 없지 뭐예요. 그저 그런 평범한 옷들뿐이라고요.

"서연아! 엄마가 빨리 밥 먹으랬지? 너 이러다 지각한다고! 세상에! 전쟁 났니? 방 꼴이 이게 뭐야?"

서연이가 발을 동동 구르는 사이 올 것이 오고야 말았어요. 서연이 방문을 연 엄마는 방바닥과 침대 위도 모자라 책상에까지 쏟아져 나온 옷을 보고 눈이 휘둥그레졌어요.

"뭐 하는 거야? 왜 옷들을 죄다 꺼내 놓은 거야?"

반팔에 반바지에 원피스에 외투까지. 엄마는 기가 막혔어요.

"몰라! 입고 갈 옷이 없단 말이야."

"아니, 지금 엄마 눈에 보이는 건 옷이 아니고 책이니? 옷이 이렇게 많은데 입고 갈 옷이 없다니?"

엄마의 핀잔에 서연이는 침대에 털썩 주저앉았어요.

"아, 몰라. 입고 갈 옷이 하나도 없잖아."

"서연아, 요즘 왜 이렇게 옷에 신경을 써?"

엄마가 다정하게 물었어요. 혹시 좋아하는 친구가 생겨서 잘 보이고 싶은 건 아닌지 궁금했어요. 엄마도 알아요. 누군가를 좋아하면 예뻐 보이고 싶다는 것을요.

"엄마가 도와줄까? 편하고 시원하고 예쁜 옷을 골라 줄게."

엄마는 서연이가 늘어놓은 옷들을 찬찬히 살펴보았어요.

"이거 어떠니? 네가 좋아하는 원피스잖아."

작년에 산 꽃 달린 원피스는 서연이 옷 중에 제일 비싸고 예쁜 옷이에요. 서연이는 엄마가 내민 원피스를 보고 고개를 저었어요.

"그건 그제도 입었어."

엄마는 다시 옷들을 살펴보았어요. 여기저기 널려 있는 옷들 중에서 앙증맞은 꽃이 그려져 있는 노란색 티셔츠와 남색 반바지를 골랐어요.

"음, 그럼 이건 어때? 이 티셔츠 귀엽잖아. 여기에 남색 반바지를 입으면 활동하기 편하겠다."

하지만 서연이는 냉정하게 고개를 저었어요.

"그 남색 반바지 색이 너무 바랬잖아. 너무 낡아서 없어 보인단 말이야."

서연이의 말에 엄마는 부글부글 화가 났어요. 하지만 한 번 더 참기로 했어요. 그러고는 서연이 마음을 흡족하게 할 옷을 골라 보았어요.

"그래, 이거. 이게 좋겠다. 네가 좋아하는 분홍색 블라우스에 치마가 달린 레깅스. 보기에도 예쁘고, 활동하기도 좋고 편하잖아. 이걸로 입자."

"싫어!"

서연이는 엄마가 골라 준 옷을 제대로 살펴보지도 않고 고개를 저었어요.

"몰라, 마음에 드는 게 하나도 없단 말이야. 저건 낡았고, 요건 물이 빠져서 색이 바랬고, 이건 짧고, 그건 마음에 안 들어."

엄마는 끓어오르는 화를 한 번 더 눌렀어요. 그리고 다정하게 웃으면서 말했어요.

"서연아, 너 요즘 아침마다 왜 이렇게 옷 타령을 하는 거야? 잘 보이고 싶은 사람이라도 있는 거야? 학교에 패션쇼 하러 가는 거 아니잖아?"

하지만 엄마의 노력에도 아랑곳하지 않고 서연이는 삐죽거리며 대답했어요.

"누구한테 잘 보이고 싶은 게 아냐. 그냥 옷을 잘 입고 싶다고. 다들 얼마나 예쁘고 근사하게 입는 줄 알아? 엄마는 딸이 거지같이 입고 다니는 게 좋아?"

"뭐라고? 거지?"

엄마는 그만 화를 참지 못하고 소리를 빽 질렀어요.

"너 도대체 왜 그래? 학생이 학교에 공부하러 가는 거지, 옷 자랑하러 가는 거야? 왜 매일 옷 타령이야?"

"내가 무슨 옷 타령을 한다고? 이왕이면 예쁘고 근사하게 입고 가는 게 좋잖아. 기분이 좋아야 공부도 더 잘된다고."

자신의 마음은 몰라주고 야단만 치는 엄마 때문에 서연이는 너무 속상했어요.

"그게 무슨 말도 안 되는 소리야! 노란색 티셔츠랑 남색 반바지 입고 가. 얼른 옷 입고 나와."

"싫어. 이 옷 싫단 말이야."

"싫어도 그냥 입어."

엄마가 단호하게 말해도 서연이는 고집을 부렸어요. 다른 아이들은 말하기도 전에 엄마가 알아서 예쁜 옷을 잘 사 준대요. 그런데 서연이네 엄마는 안 그래요. 서연이는 엄마를 이해할 수가 없어요. 하나밖에 없는 딸인데 서연이가 잘 입고 다니는 게 좋지 않을까요?

"나도 예쁜 옷 사 줘."

"얘가, 점점! 너 진짜 혼나 볼래!"

"대체 무슨 일이야?"

엄마의 고함에 아침 식사를 하던 아빠가 깜짝 놀라 서연이 방문을 열었어요. 아빠는 방에 널브러져 있는 옷들을 보고 눈이 휘둥그레졌어요.

"아니, 옷장에서 벌레라도 나온 거야? 대체 무슨 일이야?"

"아휴, 입을 옷이 없대!"

"아침부터 옷 때문에 이 소동을 부린 거라고?"

표정이 딱딱해진 아빠는 서연이와 엄마를 번갈아 보더니 말없이 거실로 나갔어요.

"서연아, 이리 좀 나와 앉아 봐."

서연이는 걱정스러운 얼굴로 아빠 옆에 앉았어요. 서연이네 아빠는 화나면 엄청 무섭거든요.

"아빠, 지금 서연이한테 좀 실망했어. 할 이야기는 많지만 지금은 시간이 없고, 서연이도 학교 갈 준비해야 하니까 긴 이야기는 하지 않을게."

아빠한테 엄청 혼날까 봐 걱정했던 서연이는 안도의 한숨을 내쉬었어요.

"서연아, 옷이 중요하니? 옷을 입은 사람이 중요하니?"

서연이는 아빠의 질문에 선뜻 대답할 수가 없었어요. 질문이 이해되지 않았거든요.

"사람이 왜 옷을 입는지 알고 있니? 사람이 언제부터 옷을 입었는지는 알고 있어? 옷이 하는 일이 뭔지는 알고 만날 옷 타령을 하는 거니?"

아빠는 점점 더 어려운 질문을 늘어놓았어요.

"아빠가 한 얘기, 그냥 흘려듣지 말고 생각해 봐. 이따 저녁에 와서 물어볼 거야."

엄마의 재촉에 아빠는 서연이에게 단단히 이르고는 출근 준비를 서둘렀어요.

"서연아, 넋 놓고 있지 말고 빨리 학교 갈 준비해. 벌써 8시가 다 돼 가잖아."

서연이는 엄마의 재촉에 학교 갈 준비를 했어요. 하지만 서연이의 머릿속에는 아빠의 질문이 떠나지 않았어요. 정말 사람들은 왜 옷을 입는 걸까요? 그리고 사람들은 언제부터 옷을 입었던 걸까요?

⬢ 옷은 왜 필요할까?

> 나는 옷이야.
> 나에 대한 재미난 이야기를 들려주려고
> 옷장에서 왔어. 너희들 모두 옷을 입고 있지?
> 우리가 매일 입는 옷에 대해 생각해 본 적 있니?
> 언제부터 입었는지, 왜 입는지 말이야.
> 자, 궁금하면 날 따라와!

🔘 언제부터 옷을 입었을까?

사람들이 옷을 입은 건 진짜 오래전부터야. 그걸 어떻게 아냐고?

벽화나 유적 등 조상들의 유물을 보면 오래전부터 옷을 입었다는 사실을 알 수 있지.

사람들이 처음 입은 옷은 동물의 털가죽이었다고 추정하고 있어.

돌로 가죽을 손질해서 부드럽게 만든 다음, 가장자리에 구멍을 내서 동물의 힘줄이나 가죽끈으로 꿰어 이었어.

신석기 시대 사람들은 옷감을 짜서 옷을 만들어 입었어. 신석기 시대 유물인 가락바퀴와 뼈바늘을 보면 알 수 있지.

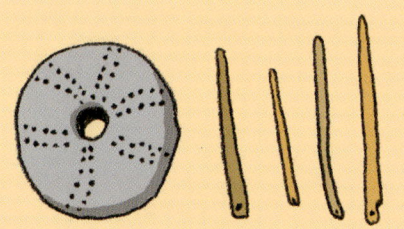

가락바퀴   뼈바늘

가락바퀴는 실을 뽑아서 옷감을 짜는 도구고, 뼈바늘은 실을 끼워서 바느질을 할 수 있는 도구야.

옷을 입는 이유

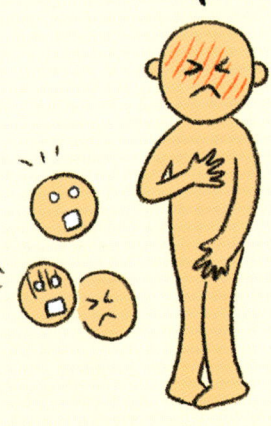

그렇다면 사람들은 왜 옷을 입을까? 너희는 왜 옷을 입니?

옷을 안 입으면 창피할 뿐 아니라 공공장소 예절에 어긋날 수 있어.

옷은 외부 환경으로부터 우리를 보호해 주기도 해. 소방관은 뜨거운 불에 강한 방화복을 입어.

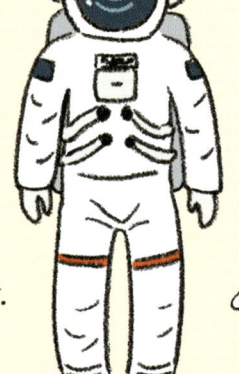

우주 비행사는 우주에서 안전하게 활동할 수 있는 우주복을 입어 몸을 보호해.

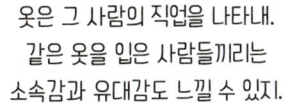

2. 새 옷이 좋아

"서연아, 기쁜 소식이 있어."

"뭔데?"

어깨를 축 늘어뜨리고 현관에 들어서던 서연이는 엄마 말에 눈이 휘둥그레졌어요. 혹시 엄마가 서연이의 바람대로 새 옷을 사 온 걸까요?

"엄마가 엄청 예쁜 옷 많이 가져왔지롱."

"진짜? 우아, 엄마 최고!"

엄마 말이 끝나자마자 서연이는 만세를 불렀어요. 새 옷을 사 달라고 졸라도 꿈쩍도 않던 엄마의 마음이 갑자기 왜 바뀐 걸까요? 서연이는 신발을 마구 벗어 던지고 후다닥 방 안으로 들어갔어요.

서연이는 옷 때문에 엄마와 다툰 뒤 아빠에게 옷에 대한 이런 저런 얘기를 들었어요. 하지만 이상해요. 머리로는 이해가 되는데 머리와 마음이 따로 놀아요. 마음을 바꾸려고 해도 새 옷을 사고 싶은 마음이 수그러들지 않아요. 그래서 오늘 아침에도 옷 때문에 엄마와 실랑이를 벌이고 말았어요.

"이게 다 내 옷이야?"

서연이 방에는 커다란 쇼핑백이 두 개나 있었어요.

"엄마, 최고!"

서연이는 가방을 구석에 던지고 쇼핑백에 가득 들어 있는 옷들을 꺼냈어요. 원피스, 점퍼, 티셔츠, 블라우스, 청바지까지……. 옷이 진짜 많았어요. 옷들을 하나하나 끄집어내던 서연이는 급한 마음에 쇼핑백을 뒤집어 옷들을 다 쏟았어요. 순식간에 서연이 방이 옷으로 가득했어요.

"진짜 많다!"

서연이 얼굴에서 싱글벙글 웃음이 떠나질 않았어요.

"어떤 것부터 입어 보지?"

서연이는 고개를 이리 돌렸다 저리 돌렸다 하며 옷들을 구경했어요.

"우아, 이거 예쁘다."

서연이는 마음에 쏙 드는 시폰 원피스를 발견했어요. 반짝반짝 큐빅이 치마에 가득 달린 아주 예쁜 원피스였어요.

"얼른 입어 봐야지."

서연이는 입고 있던 옷을 훌렁훌렁 벗고는 시폰 원피스를 입어 보았어요. 거울 앞에 자신의 모습을 이리저리 살펴보던 서연이는 이상한 것을 발견했어요. 글쎄 원피스에 얼룩이 있지 뭐예요.

"어, 이게 뭐야. 왜 옷에 이런 얼룩이 묻어 있지?"

그뿐만이 아니에요. 찬찬히 살펴보니 치마에 붙어 있는 큐빅도 여러 개 떨어져 있었어요. 기분이 상한 서연이는 시폰 원피스를 벗었어요.

"뭐야. 불량품인가?"

예전에도 이런 일이 있었어요. 창고 정리 세일을 하는 쇼핑센터에서 사 온 옷 중에 불량품이 있었거든요. 서연이는 대수롭지 않게 생각하고 다른 옷들을 살펴보았어요.

어, 그런데 이상한 게 또 있었어요. 지금은 여름인데 겨울옷도 있고, 서연이가 입는 사이즈보다 커 보이는 옷들도 있었어요. 그리고 결정적으로 옷들에 가격표가 붙어 있지 않았어요.

"엄마, 이 옷들 뭐야? 왜 가격표가 없어? 겨울옷은 왜 있어? 내 사이즈보다 큰 사이즈도 많은데?"

"왜? 마음에 안 들어?"

엄마는 서연이가 방 곳곳에 늘어놓은 옷들을 정리하며 딴청을 부렸어요. 문득 서연이 머릿속에 스치는 생각이 있었어요.

"이 옷들 산 거 아니지?"

"이렇게 많은 옷을 어떻게 한꺼번에 사니?"

엄마 말이 맞긴 해요. 이 많은 옷을 한꺼번에 사려면 엄청 많은 돈이 필요할 거예요.

"대체 이 옷들은 다 어디서 난 건데?"

엄마가 가져온 옷들은 분명 새 옷이 아니에요. 그렇다면 이 옷들은 어디서 난 걸까요? 혹시 지난번처럼 누군가에게 입던 옷을 얻어 온 것이 아닐까요? 그 사실을 깨닫자 서연이는 기분이 확 나빠졌어요.

"엄마 친구 은영 아줌마 있지? 그 아줌마 딸이 너보다 두 살 많잖아. 너도 알지? 미라 말이야. 미라 걔가 만날 100점만 맞는 멋쟁이잖아. 이 옷들이 바로 미라가 입던 거야. 아, 그리고 여기 이 옷들은 미라 사촌 수진이가 입던 거야. 수진이는 미국 살아. 이 옷들 물 건너온 거야. 진짜 예쁜 것 많지? 엄마가 이거 다 들고 오느라고 얼마나 팔이 아팠다고."

엄마는 서연이에게 본 적도 없는 사람들의 이야기와 옷에 대한 칭찬을 쏟아 냈어요. 하지만 서연이 눈에는 옷 여기저기에 묻은 얼룩만 보였어요.

"왜 이렇게 시큰둥해? 얼른 입어 봐."

엄마는 이 옷 저 옷을 골라 서연이 몸에 대 보았어요.

"서연아, 이 블라우스 너한테 정말 잘 어울리겠다."

엄마가 서연이 몸에 걸친 블라우스는 소맷단이 낡았어요.

"서연아, 이 바지 좀 봐. 정말 예쁘다."

엄마가 보여 준 노란색 바지는 무릎에 얼룩이 있어요.

"어머, 이 코트 봐. 이거 입으면 배우 같겠다."

붉은색 코트는 단추가 하나 없어요. 이상해요. 엄마 눈에는 예쁘기만 한 옷들이 서연이 눈에는 결점투성이지 뭐예요.

"이게 뭐야. 제대로 된 옷이 하나도 없잖아."

"서연아, 조금만 고쳐서 입으면 돼. 단추 떨어진 건 비슷한 단추를 다시 달면 되고, 얼룩이 묻은 건 세탁하면 된다니까."

"싫어. 싫단 말이야. 남이 입던 낡은 헌 옷 싫다고!"

서연이는 무릎에 얼굴을 묻고는 소리를 질렀어요. 엄마가 정말 미워요. 서연이가 값비싼 옷을 수백 벌 사 달라는 게 아니잖아요.

"남이 입던 헌 옷이라니. 무슨 말이 그래? 미라랑 수진이가 어떻게 너한테 남이니? 그리고 이 옷들이 어디가 낡았어? 엄마 눈에는 멀쩡하기만 한데. 몇 달만 지나면 키가 쑥쑥 크는데 매번 새 옷 사기 아깝잖아. 옷을 물려받을 수 있는 게 얼마나 좋은 건데 그래."

엄마는 서연이가 던져 놓은 옷들을 다시 하나하나 살펴보았어요. 조금만 손보고 고치면 잘 입을 수 있는 옷들이 대부분이에요. 특히 겨울 점퍼들은 상태가 아주 좋아요.

"이 옷 좀 봐 봐. 원단이 얼마나 좋으니."

엄마는 서연이의 언짢은 마음을 풀어 주려고 노력했지만 소용

없었어요.

"싫어! 다 싫어! 하나도 안 입을 거야. 난 남이 입던 옷 싫다고. 여기저기 얼룩도 묻어 있고. 싫어!"

자꾸 고집을 부리고 떼를 쓰는 서연이 때문에 엄마도 화가 났어요.

"얘가 자꾸 쓸데없는 고집을 부리네. 얼룩 묻은 거는 엄마가 세탁해서 깨끗하게 해 준다고."

정말 말이 안 통해요. 서연이는 그런 엄마가 답답하게 느껴졌어요.

"보자, 이것들은 엄마가 세탁해서 깨끗하게 만들어 줄게. 손볼 곳은 조금만 수선하면 새 옷보다 근사할걸."

엄마는 옷들을 한쪽에 정리하며 말했어요. 하지만 서연이는 기분이 좋아지지 않았어요.

"얼룩이 문제가 아니라고. 이 옷들 모두 요즘 유행하는 옷들도 아니잖아. 하나같이 구닥다리야. 누가 요즘 저런 소매가 달린 옷을 입어? 엄마는 유행을 아예 몰라."

"옷을 입는 사람 마음이 헌 마음인데 새 옷을 산다고 뭐가 달라지니? 그리고 너 유행의 의미가 뭔지나 알아?"

엄마도 말이 통하지 않는 서연이가 답답했어요.

"유행의 의미? 그런 게 어디 있어? 사람들이 많이 입는데 나만 안 입으면 창피한 거지. 엄마는 내가 친구들한테 기죽는 게 그렇게 좋아? 거지도 아니고 왜 남이 입던 옷을 얻어 입냐고. 정말 싫어."

결국 서연이는 눈물을 터뜨리고 말았어요.

옷은 어떻게 관리할까?

친구들, 안녕?
나는 옷에 묻은 얼룩이야.
아마 나를 여러 번 보았을 거야.
아무리 조심해도 옷에 얼룩이 생기지 않도록
관리하는 것은 쉽지 않거든.
내가 옷 관리에 대해 얘기해 줄게.

옛날에는 옷을 어떻게 빨았을까?

지금이야 집집마다 세탁기도 있고, 묵은때를 말끔히 빼 주는 세제도 있어. 세탁소도 많아서 옷을 깨끗하게 관리하기 쉬워. 그러면 옛날에는 어떻게 옷을 세탁했을까? 세탁기라는 아주 편리한 물건이 나오기 전에는 모든 옷을 손으로 빨아야 했어. 잘 빠지지 않는 얼룩은 양잿물로 뺐다고 해. 양잿물이 지금의 세제와 비슷한 역할을 한 거지.

염색 기술이 좋지 않던 시절에는 색깔이 다른 부분의 천을 다 일일이 뜯어서 따로 빨아야 했어. 같이 빨았다가는 빠진 색이 다른 천에 물들어서 엉망이 되거든. 말린 후에는 원래 모습대로 다시 일일이 꿰매야 했어. 진짜 힘들었겠지?

얼룩이 묻은 색동저고리는 어떻게 세탁했을까?

우선 색동 조각을 다 뜯어내.

색동 조각을 각각 따로 빨아.

햇볕에 잘 말린 뒤, 다시 색동 조각을 꿰매면 끝!

🔘 세탁 기호로 알아보는 옷 관리법

옷을 세탁하지 않고서 입을 수는 없어. 더러운 옷을 계속 입으면 보기에도 안 좋지만 건강에도 좋지 않거든. 그래서 옷은 입는 것도, 세탁을 잘하는 것도 중요해.

옷에 따라 세탁 방법이 다 달라. 써야 하는 세제도 다르고. 지금 입고 있는 옷을 뒤집어 봐. 세탁하기 전에 꼭 살펴봐야 할 세탁 기호가 보일 거야.

✓ 옷을 말리는 방법을 알려 주는 기호야. 아래 기호는 옷걸이에 걸어서 그늘에 말리라는 뜻이야.

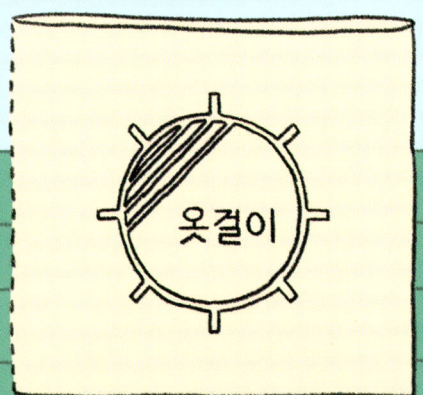

✓ 이 기호가 있으면 꼭 세탁소에 맡겨야 해. 드라이클리닝을 하라는 표시거든. 세탁기에 그냥 돌렸다가는 옷이 엉망진창이 될 수도 있어.

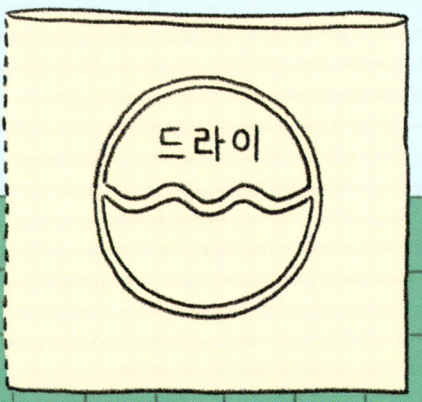

✓ 다림질을 할 때도 옷에 붙어 있는 기호를 잘 봐야 해. 다림질이 가능한 옷, 얇은 천을 대고 다려야 하는 옷, 다림질을 하면 안 되는 옷도 있으니까! 다리미 안에 표기된 숫자는 다림질할 때 적정한 온도를 알려 주는 거야.

✓ 물세탁을 해도 좋다는 뜻이야. 이 기호가 있는 옷은 세탁기에 넣어도 되고, 손세탁을 해도 되지. 세탁기 안에 표기된 숫자는 세탁할 때 적정한 물 온도를 알려 주는 거야.

✓ 손세탁이라는 기호가 있는 옷은 손으로 빨아야 해. 통 안에 표기된 숫자는 세탁할 때 적정한 물 온도를 알려 주는 거야. 어떤 세제를 써야 하는지 표기되어 있기도 해.

옷을 입는 것도 중요하지만, 관리하는 건 더 중요해. 관리를 잘해야 오래오래 예쁘고 깔끔하게 입을 수 있어.

3. 네 옷은 어떤 브랜드니?

"앗, 추워. 비가 와서 그런가? 왜 이렇게 춥지."

서연이는 우산을 접으며 투덜거렸어요. 학교에 가는 내내 추워서 혼났거든요. 장마라 아침부터 비가 많이 오는 데다 바람까지 불어서 엄청 싸늘하지 뭐예요. 하지만 여름이니 점퍼 같은 외투를 입으면 너무 더울 것 같아서 그냥 나왔거든요. 이럴 줄 알았으면 거추장스러워도 카디건을 입고 가라는 엄마 말을 들을 걸 그랬어요.

"어머, 서연아. 왜 이렇게 비를 많이 맞았어."

현관 앞에서 신발을 갈아 신고 있던 단짝 친구 지연이가 서연이의 팔뚝에 묻은 빗물을 닦아 주며 물었어요.

"옷을 왜 이렇게 얇게 입었어? 감기 걸리겠다. 장마 때는 외투 입는 게 좋은데……."

서연이는 얕은 한숨을 내쉬며 말했어요.

"카디건은 너무 덥잖아."

아침에 엄마가 입고 가라고 내밀었던 카디건 생각이 났어요. 그 카디건도 엄마가 얼마 전에 얻어 온 거예요. 그래서 더 입기 싫었고요.

"서연아, 너는 바람막이 점퍼 없어?"

"바람막이? 그게 뭐야?"

그러고 보니 지연이는 점퍼를 입고 있었어요. 그런데 보통 점퍼와 달리 아주 얇아요.

"이렇게 얇은 천으로 된 점퍼를 바람막이라고 한대. 기능성 점퍼라 덥지도 않고, 요즘처럼 장마 때 입기 좋다고 엄마가 사 주셨어."

서연이는 지연이가 입은 바람막이 점퍼를 부러운 듯 보았어요. 정말 장마철에 입으면 아주 좋을 것 같았지요.

교실에 들어와 보니 바람막이 점퍼를 입은 건 지연이뿐만이 아니었어요. 선호도, 지한이도, 대현이도, 재윤이도, 도현이도 지연이와 비슷한 점퍼를 입고 있었어요. 반 아이들 거의 다요. 서연이는 자기만 바람막이 점퍼를 입지 않은 것 같아 자존심이 상했어요.

"어머, 세나야!"

세나가 교실로 들어서자 아이들이 세나 주위로 몰려들었어요.

아침마다 세나가 교실에 들어서면 한바탕 난리가 나곤 해요. 세나는 학교에서 예쁘다고 손꼽히는 친구거든요. 소문인지 모르겠지만 배우 하라는 말을 많이 들었대요. 실제로 길거리에서 캐스팅 제의를 받은 적도 있다고 하고요.

서연이가 보기에도 세나는 예뻐요. 키도 크고 늘씬하고 피부도 하얗거든요. 또 늘 예쁜 옷을 입고 오지요. 게다가 세나가 입는 옷들은 다 비싼 브랜드의 옷이에요. 예쁜 세나가 입어서 옷이 예뻐 보이는 건지, 예쁜 옷을 입어서 세나가 예뻐 보이는 건지는 알 수 없지만, 반 아이들은 세나가 입고 있는 옷을 따라 살 때가 많아요. 서연이도 세나가 입는 옷을 따라 사고 싶었던 적이 진짜 많았어요. 너무 비싼 브랜드의 옷들이라 살 수 없었지만요.

오늘도 세나는 꽤 비싸 보이는 바람막이 점퍼를 입고 왔어요.

"우아, 세나야. 네 점퍼 진짜 예쁘다."

"이거, 아이돌 장원형이 입고 나온 거잖아."

"나도 백화점에서 봤어. 진짜 비싸던데."

아이들의 이야기에 서연이도 세나의 옷이 궁금해 가까이 다가갔어요. 세나가 입은 바람막이 점퍼는 서연이가 제일 좋아하는 핑크색이에요. 촌스럽지 않고 고급스러운 예쁜 핑크색이요. 게다가 고급 브랜드의 상표가 붙어 있어요. 왼쪽 가슴이랑 어깨 부분에요. 상표에서 반짝반짝 빛이 나는 것 같다는 착각까지 들었어요.

서연이는 세나가 입은 브랜드의 옷을 한 번도 입어 본 적이 없어요. 엄마가 사 주지 않으니까요. 쑥쑥 자라는 아이들이 입기에는 너무 비싼 브랜드래요. 1년만 입으면 몸이 커서 사이즈가 맞지 않아 못 입게 되는 경우가 많아요. 굳이 비싼 돈을 주고 옷을 사는 건 너무 아깝다는 게 엄마 생각이에요. 값싸고 질 좋은 옷을 여러 벌 사는 게 훨씬 낫대요. 물론 서연이도 가끔 브랜드 옷을 사기는 해요. 하지만 세나가 입는 고급 브랜드는 아니에요.

"부럽다. 저 옷, 한 번만 입어 봤으면 좋겠어."

지연이도 세나의 점퍼가 부러운가 봐요. 그러고 보니 지연이가 입고 있는 점퍼는 상표가 붙어 있지 않아요. 지연이 엄마도 서연이 엄마와 생각이 같거든요. 어릴 때부터 같은 유치원을 다닌 서연이와 지연이는 엄마들끼리도 친했어요. 지연이 엄마도, 서연이 엄마도 아이들이 값비싼 브랜드 옷을 입는 걸 반대하지요. 지연이랑 서연이 마음도 모르고 말이에요.

"세나는 정말 좋겠다. 세나 엄마는 세나가 원하는 건 뭐든지 다 들어주시나 봐."

"그러게. 세나는 항상 비싼 옷만 입더라."

서연이는 수업 시간 내내 세나의 점퍼를 부러운 듯 쳐다보았어요. 아무리 봐도 예뻐요. 흠 잡을 곳 없이 너무 완벽해요. 보고 또 봐도 질리지도 않아요. 서연이 마음에 꼭 드는 예쁜 핑크색 점퍼니까요.

서연이는 결심했어요. 자기도 꼭 저 브랜드의 점퍼를 사야겠다고요. 엄마가 안 사 준다고 해도 포기하지 않을 거예요. 곧 서연이 생일이거든요. 해마다 생일에는 엄마, 아빠가 선물을 사 주거나 용돈을 줘요. 또 할아버지, 할머니, 외할아버지, 외할머니도 그렇고요. 이번 생일에는 선물 대신 용돈을 받아야겠다고 생각했어요.

'어떻게든 돈을 모아서 세나가 입은 저 브랜드의 점퍼를 꼭 사고 말 거야.'

서연이는 학교 수업이 끝나자마자 곧장 집으로 왔어요.
"엄마, 엄마!"
현관문을 열자마자 서연이는 큰일이 난 것처럼 엄마를 소리쳐 불렀어요.
"아유, 무슨 일 있어? 왜 이리 다급하게 엄마를 불러."
베란다에서 빨래를 걷던 엄마가 놀란 표정으로 말했어요.
"엄마, 바람막이, 아니…… 읍."
서연이는 바람막이 점퍼를 사 달라고 말하려다 스스로 입을 막았어요. 다짜고짜 옷을 사 달라고 하면 엄마한테 야단만 맞을 게 뻔하니까 작전을 세워야 해요. 서연이는 심호흡을 하고 차분히 말했어요.
"나, 오늘 추워서 죽을 뻔했어."

"왜? 아침에 학교 갈 때 비 많이 맞았어? 바람이 많이 불더라. 그러게 엄마가 카디건 입고 가랬잖아."

"요즘 누가 카디건을 입어. 다들 바람막이 점퍼 입어. 지연이도 입고 왔더라. 얇고 가볍고 정말 좋대."

"그래?"

엄마는 지연이도 바람막이 점퍼를 입고 왔다는 말에 관심을 보였어요.

"우리 반 아이들 거의 다 바람막이 점퍼를 입고 왔어. 장마 때는 바람막이 점퍼가 최고래. 초가을까지 입을 수 있고. 엄마 내 생일도 다가오는데 바람막이 점퍼 하나만 사 주면 안 돼요? 말도 잘 듣고 공부도 열심히 할게요. 네? 제발요."

서연이는 콧잔등에 주름을 잡으며 애교까지 부렸어요.

"바람막이 점퍼는 지금 입기 딱 좋겠다. 아빠도 바람막이 점퍼가 하나 필요하다고 하던데. 아빠 점퍼 사러 갈 때 네 것도 하나 살까?"

어, 이게 웬일일까요? 엄마가 서연이 바람막이 점퍼를 사 주려나 봐요. 엄마가 안 된다고 단호하게 거절하면 어떻게 하나 걱정했었거든요.

"진짜? 엄마, 진짜 내 것도 사 주는 거야?"

서연이는 신이 났어요.

"지난번에 아빠가 회사에서 백화점 상품권 받아 온 것도 있고,

네 생일도 다가오고 하니 생각해 보자."

"백화점 상품권?"

서연이는 만세를 불렀어요. 엄마가 진짜로 사 준대요. 게다가 백화점에 가서요. 어쩌면 세나가 산 브랜드의 바람막이 점퍼를 살 수 있을지도 몰라요. 서연이는 기분이 너무 좋아서 펄쩍펄쩍 뛰었어요.

🔴 브랜드와 유행은 무엇일까?

🏷️ 브랜드는 언제부터 생겼을까?

상표는 언제부터 생겼을까? 놀랍게도 그리스 시대부터 있었다고 해. 시장이 생기고 물건을 사고팔기 시작하면서부터 상표가 필요해졌대.

상표는 누가 만들었는지 구분해 주는 역할을 하거든. 그래서 물건을 만드는 사람들은 자신이 만든 물건에 이름이나 기호를 새겨 넣어 상표를 표기하기 시작했지.

하나의 상표가 신뢰가 쌓이고 인기를 얻으면, 사람들은 그 상표를 브랜드로 인식하게 돼.

하지만 옷의 브랜드가 가장 중요할까? 브랜드를 따지기보다는 그 옷이 내 몸에 잘 맞고 어울리는지가 더 중요하지 않을까?

🔘 계속 바뀌고 바뀌는 유행

유행이라는 말 들어 보았지? 사람들은 멋지게 옷을 입는 사람을 따라 하고 싶어 해. 옷을 따라 입으면 자기도 그 사람처럼 근사해 보일 것 같은 느낌이 들거든. 그러면 지금부터 예전에 어떤 옷들이 유행했는지 보여 줄게.

서양에서는 목도리도마뱀을 떠올리게 하는 주름진 옷깃인 '러프'가 유행이었어. 러프는 권력과 위엄의 상징이었지. 큰 러프 때문에 목을 움직이기도 어려웠대.

'크리놀린 스타일'의 치마가 유행하던 시절도 있었어. 철사나 고래 뼈 등으로 새장 모양의 버팀대를 만들고 그 위에 치마를 입어서 드레스를 매우 풍성하게 했는데, 이 버팀대를 크리놀린이라고 불렀지. 그런데 크리놀린 스타일의 치마는 계단을 오르내리거나 좁은 도로를 지날 때 아주 불편했다고 해.

유행을 따른다고 멋쟁이가 될 수 있을까? 나를 잘 표현할 수 있는 옷을 입는 게 중요해.

시대마다 다양한 스타일의 옷들이 유행했어. 유행은 계속 바뀌거든.
하지만 유행하는 옷이라 할지라도 나에게 어울리지 않는다면 아무 소용이 없어.
내 몸에 잘 맞고 어울리는 옷이 나를 최고의 멋쟁이로 만들어 준다는 사실을 잊지 마!

우리나라 한복에도 유행이 있었어. 조선 시대 초기에는 여자 저고리가 허리를 덮을 정도로 길었다가, 조선 시대 후기로 갈수록 저고리 길이가 짧아졌어.

현대에는 나팔바지, 미니스커트, 스키니 진, 레깅스 등 다양한 스타일의 옷들이 유행하고 있어.

4. 저 옷이 꼭 사고 싶어!

"서연아, 기분 풀어. 엄마가 다른 옷 사 준다니까."

서연이는 단단히 화가 났어요. 엄마가 아무리 달래도 소용없었어요. 눈앞에 아른거리는 옷을 두고 다른 옷을 사라니요. 아무리 생각해도 정말 너무해요.

오늘 모처럼 엄마와 옷을 사러 나왔어요. 백화점 상품권으로 아빠 옷하고 서연이 옷도 사려고요. 서연이는 세나가 입고 왔던 옷을 살 수 있는 절호의 기회라는 생각에 마음이 들떴어요.

그런데 백화점 입구에 들어선 순간, 엄마가 서연이의 손을 마트 쪽으로 끌지 뭐예요. 그 상품권은 백화점뿐 아니라 마트에서도 사용할 수 있대요. 엄마는 처음부터 백화점이 아닌 백화점 바로 옆에 붙어 있는 마트로 갈 생각이었던 거예요.

"엄마, 백화점에서 바람막이 점퍼만 보고 가자. 응?"

서연이가 하도 조르니 엄마도 못 이기는 척 백화점으로 왔어요. 서연이는 화려한 조명이 가득한 백화점에 오니 괜히 마음이 설레고 신났어요.
"저기 있다!"
서연이는 세나가 입고 왔던 브랜드 매장을 발견하고 단숨에 달려갔어요. 알록달록 색깔도 귀엽고, 디자인도 멋진 옷들이 정말 많았어요.
"이게 그렇게 사고 싶었어?"
뒤따라온 엄마는 서연이를 보며 씽긋 웃었어요. 하지만 가격표를 본 엄마의 얼굴에서 웃음이 사라졌어요.
"엄마, 나 이거."
서연이는 엄마의 표정이 굳은 줄도 모르고 오늘 새로 나왔다는 바람막이 점퍼를 입어 보았어요.
"어머, 어머. 너무 예쁘다. 딱 네 옷인걸."
점원 언니는 박수까지 치며 호들갑을 떨었어요.
"엄마, 나 어때?"
서연이는 엄마 앞에서 빙그르르 돌았어요. 하지만 엄마는 웃음기 가신 얼굴로 조용히 말했어요.
"서연아, 다른 곳도 가 보자."
"왜? 나 이거 마음에 드는데?"
"어머님, 이렇게 예쁜데 하나 하세요. 오늘 들어온 신상품인데 며칠 지나면 사이즈 없어요. 요즘 아이들한테 가장 인기 있는 옷이거든요."

점원 언니가 환하게 웃으며 엄마에게 말했어요.

"아, 네. 다른 곳도 좀 가 보고요."

엄마는 점원 언니의 말에 아랑곳하지 않고 점퍼를 벗겼어요. 서연이는 하는 수 없이 엄마 손을 잡고 매장 밖으로 나왔어요.

"서연아, 저거 얼마인지 알아? 이 상품권 두 장 하고도 8만 4천 원이나 더 있어야 해. 세상에, 애들 옷이 저렇게 비싼 게 말이 되니?"

엄마는 뒤도 돌아보지 않고 마트로 향했어요. 서연이가 투덜거렸지만 소용없었어요. 엄마는 가격도 적당하면서 서연이 마음에도 드는 옷을 골라 주려고 애썼어요. 하지만 기분이 상할 대로 상한 서연이가 한참을 화를 내며 투덜거리자 엄마도 짜증이 났어요.

"네가 아무리 화내도 안 되는 건 안 되는 거야. 네가 사 달라는 옷은 너무 비싸. 한 철 입고 말기에는 너무 비싸다고. 절대 안 돼. 여기서 옷 안 살 거면 사지 마."

옷을 사 주지 않겠다는 엄마의 말에 서연이는 정신이 번쩍 들었어요.

"알았어. 여기서 골라 볼게."

서연이는 볼멘소리로 대답했어요.

"서연아, 꼭 비싼 옷이 좋은 건 아니야. 여긴 질 좋고 가격도 괜찮은 브랜드 옷이 많단 말이야. 투덜거리지 말고 이왕 온 거 잘 골라 보자. 알았지?"

서연이는 엄마에게 싱긋 웃어 주고는 매장을 둘러보기 시작했어요. 조금 전까지만 해도 기분이 나빠 휙휙 지나쳤던 옷들이 다시 보였어요.

"어!"

서연이는 탄성을 지르며 마네킹 앞에 멈춰 섰어요. 반짝반짝 빛나는 큐빅과 고급스러워 보이는 진주 그리고 리본이 많이 달린 레이스 원피스를 입은 마네킹이 서연이의 마음을 빼앗아 버렸어요.

"엄마, 나 저거! 저거 살래."

"저 원피스?"

엄마는 눈이 동그래졌어요. 분명히 서연이는 바람막이 점퍼를 사겠다고 했는데, 난데없이 원피스를 고르니 놀랄 수밖에요.

"너 원피스 많잖아. 그리고 저건 시폰 소재에 레이스까지 달려 있어서 더울 거야. 학교에 입고 가기에도 불편할 거고. 원피스 말고 바람막이 점퍼랑 반바지 사자. 세일하는 데서 잘 고르면 티셔츠도 살 수 있을 거야."

엄마는 서연이를 설득하려고 했지만 소용없었어요. 서연이에게는 더 이상 엄마의 말이 들리지 않았거든요. 서연이 머릿속은

온통 원피스를 사고 싶단 생각뿐이었어요.

"우선 입어 보기라도 할래."

서연이는 매장 안으로 쑥 들어가 점원에게 사이즈를 말했어요.

"요즘 최고로 잘 나가는 디자인이에요. 마침 사이즈가 딱 하나 남았네요."

점원은 싱글싱글 웃으면서 서연이에게 원피스를 건넸어요. 서연이는 얼른 탈의실로 가서 원피스로 갈아입었어요.

"와, 예쁘다."

거울 속에 비친 서연이는 공주 같았어요. 만화 영화 속에 나오는 요정 같기도 하고, 인기 많은 여자 주인공 같기도 했어요.

"엄마, 나 이거 살래. 응? 이거 사 줘."

"원피스는 계획에 없던 거잖아. 충동구매로 사면 후회해. 그리고 이거 입고 학교 가면 불편하다니까. 이런 옷은 편하게 입는 옷이 아니잖아."

서연이는 왈칵 짜증이 났어요. 이것도 안 된다, 저것도 안 된다. 대체 엄마는 만날 왜 그럴까요?

"하나도 안 불편해. 이런 옷 입고 학교 오는 애들도 있단 말이야. 이거 사 주면 바람막이 점퍼 안 살게. 엄마, 제발 이거 사 주라. 나도 마음에 드는 옷 좀 사 보고 싶단 말이야. 응? 네? 제발, 제발요."

서연이는 애교를 부리며 애원했어요.

"실용성이 너무 떨어져. 이거 사서 몇 번이나 입겠니? 거추장스럽고 불편할 게 뻔해. 게다가 이런 큐빅 달린 시폰 옷은 세탁하기도 얼마나 힘든데."

"엄마, 제발요. 이 원피스는 별로 비싸지도 않아요."

서연이는 필사적으로 매달렸어요.

그때 점원이 웃으면서 엄마에게 말했어요.

"지금 사시면 제가 좀 깎아 드릴게요. 원래 내일부터 세일 들어가는 건데, 지금 해 드릴게요."

"세일이요? 음."

세일이라는 말에 엄마는 잠시 고민에 빠진 듯했어요.

"엄마, 제발요. 제발 사 주세요. 공부도 열심히 하고 말도 진짜 잘 들을게요."

서연이는 엄마가 고민에 빠진 틈을 타 엄마에게 매달렸어요.

"제가 30퍼센트 할인에 직원 할인까지 해 드릴게요. 하나 하세요. 내일이면 이 사이즈 없어요. 요즘 여자애들은 이런 옷 하나씩은 다 있잖아요."

엄마는 곤란한 표정을 지었어요. 서연이가 너무 완강한 데다가 점원까지 부추기니 흔들리는 것 같았어요. 한참을 고민하던 엄마는 결심한 듯 빙그레 웃으며 말했어요.

"그래. 우리 딸이 이렇게 갖고 싶어 하는데 사 줄게. 엄마는 원래 충동구매를 제일 싫어하지만, 오늘 한 번만 해야겠다. 그리고 서연이 너, 바람막이 점퍼는 안 사는 거야."

"알겠어요. 알겠어요."

서연이는 크게 고개를 끄덕였어요.

"이 옷 산 거 절대 후회하면 안 돼. 그리고 불편하다고 옷장에 모셔 두기만 하면 혼나!"

"아이, 참. 알겠다니까요!"

엄마는 서연이에게 한 번 더 다짐받고는 지갑에서 상품권을 꺼냈어요.

"엄마, 고마워요. 엄마, 사랑해요! 야호. 야호!"

서연이는 마음에 쏙 드는 원피스를 사게 된 것이 너무 좋아서 빙그르르 돌았다가 만세를 불렀다가 엄마를 껴안았다가 오두방정을 떨었어요.

💎 멋이 가장 중요할까?

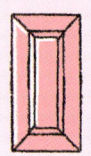

친구들, 안녕? 난 큐빅이야.
반짝반짝 눈부시게 너무 예쁘다고? 밋밋한 옷도
내가 붙어 있으면 공주님 옷처럼 근사해진다니까.
평범한 옷을 근사하게 만들어 주는 친구들은
나 말고도 많아. 어떤 친구들인지 궁금하지?
멋진 내 친구들을 함께 만나 볼래?

🔘 옷을 빛내는 친구들은 누구일까?

옷을 멋지게 꾸며 주는 물건들이 있어. 바로 리본, 큐빅, 레이스, 단추 같은 여러 가지 장식들이야. 옷의 분위기를 바꾸어 줄 뿐 아니라, 옷을 여미는 기능적인 역할도 해.

처음에는 그 사람의 신분이나 특별함을 나타내기 위해서 옷에 장식을 했다고 해. 부족의 수장은 동물의 뼈나 조각품을 옷에 달았어. 그 장식들은 권력을 상징했지.

그 후 왕족이나 귀족처럼 높은 신분에 있는 사람들은 화려한 장식으로 옷을 꾸몄어. 특히 천에 색실로 한 땀 한 땀 메워서 그림을 그리는 자수로 예쁘게 꾸몄어.

직접 손바느질해서 옷을 만들던 시절을 지나 공장에서 옷을 대량으로 만들기 시작하면서부터 누구나 장식이 달린 옷을 입게 되었어.

상황에 맞는 옷차림

옷을 입을 때 정말 중요한 건 때와 장소, 상황에 맞는 옷차림이야. 드레스 같은 옷은 정말 예쁘지만 편하게 입을 수 없어서 실용적이지 않아. 하지만 때로는 화려한 옷이 필요한 경우도 있어. 여러 가지 상황에서 어떤 옷을 입는 게 좋을지 한번 생각해 보자.

결혼식 때 옷차림

집에 있을 때 옷차림

운동할 때 옷차림

비 올 때 옷차림

잠잘 때 옷차림

화려하고 예쁜 옷보다 상황에 맞는 옷을 입는 게 더 중요하다는 걸 잊지 마.

5. 이럴 줄 알았어

간질간질. 따끔따끔.

'아, 간지러워. 으아, 정말 못 견디겠다.'

서연이는 잠시도 가만히 있을 수가 없었어요. 친구들이 안 보는 틈을 타서 살금살금 긁어 봐도 시원하지가 않아요. 여길 긁고 나면 저기가 간지럽고, 저길 긁고 나면 여기가 간지러워요. 이러다 친구들이 오해하면 어떻게 하죠? 자꾸 벅벅 긁고 있으면 이상해 보이잖아요.

"서연아, 왜 자꾸 움직여? 너 때문에 칠판 글씨가 안 보이잖아."

뒷자리에 앉은 재훈이의 타박에 서연이는 화들짝 놀랐어요. 정말 조심해서 몰래 긁었다고 생각했는데 다 봤나 봐요. 하도 깜짝 놀라는 바람에 간지러운 느낌이 순간 확 달아나 버렸어요.

"어, 미, 미안."

서연이는 재훈이에게 사과하고 한숨을 내쉬었어요. 아직 집에 가려면 멀었는데 어쩌면 좋을까요? 서연이는 이를 꽉 물고 칠판에 빼곡히 적혀 있는 수학 문제를 공책에 옮겨 적기 시작했어요. 하지만 한 문제도 다 옮겨 적지 못했는데 또 간지럽지 뭐예요. 정말 울고 싶었어요.

"서연아, 너 무슨 일 있어? 어디 아파?"

서연이가 자꾸 몸을 움찔움찔 움직이며 한숨을 내쉬니까 짝꿍 선호가 걱정스러운 얼굴로 물었어요.

"아, 아냐. 괜찮아."

서연이는 하나도 괜찮지 않았지만 최대한 태연한 표정을 지었어요.

오늘 서연이는 얼마 전 새로 산 원피스를 입고 왔어요. 불편할 거라며 엄마가 말렸던 그 원피스 말이에요.

"우아, 서연아. 정말 예쁘다."

"공주 같아."

"나도 사고 싶다."

서연이가 교실 문을 열자 많은 친구가 서연이를 칭찬해 주었어요. 서연이는 진짜 공주가 된 기분이 들었어요. 빙그르르 한 바퀴 돌며 원피스를 자랑하고 싶었지만 친구들이 잘난 척한다고 할까 봐 겨우 참았어요.

그런데 생각지도 못한 일이 생기고 만 거예요. 등에 지퍼 있는 곳도 겨드랑이 있는 부분도 간질간질 가려웠어요.

드디어 쉬는 시간이 되었어요. 서연이는 1교시 수업이 끝나자마자 화장실로 달려갔어요.

"아유, 간지러워 죽겠네. 정말."

화장실에 들어간 서연이는 변기에 앉아 옷을 내리고 이곳저곳을 긁기 시작했어요. 팔뚝도 겨드랑이도 배도 온통 빨갛게 부풀어 올랐어요.

"도대체 왜 이러는 거지?"

엄마 말이 맞았어요. 보기에 예쁜 이 원피스는 너무 불편해요.

게다가 끔찍하게 간지럽고요. 엄마 말처럼 10분도 입고 있기 힘들어요. 오늘이 수요일이라 정말 다행이라는 생각이 들었어요. 만약 이 옷을 입고 6교시까지 있어야 한다면 서연이는 쓰러지고 말았을 거예요.

"엄마, 나 왔어."

10년, 아니 100년 같은 반나절을 보내고 집에 돌아온 서연이는 방에 들어가자마자 원피스를 벗어 던졌어요.

"어머, 서연아! 왜 이렇게 생채기가 많이 났어?"

엄마는 원피스를 벗고 속옷 차림으로 침대에 누운 서연이를 보고 깜짝 놀랐어요.

"몰라. 간지러워 죽겠어."

"벌레가 물었나? 왜 그러지?"

엄마는 서연이의 몸을 살펴보더니 갑자기 얼굴을 찡그렸어요.

"이거, 원피스 때문인가 보다. 간지러워서 계속 긁었구나?"

서연이는 하루 종일 온몸을 간지럽게 하고 답답하게 했던 원피스가 떠올라 짜증이 났어요.

"그러게 엄마가 뭐랬어. 그런 옷은 불편하기만 하고 실용성이 떨어진다고 했잖아. 네 피부가 예민해서 더 불편했나 보다."

서연이는 한숨을 푹 내쉬었어요.

"나, 입을 옷도 없는데 어떻게 하지."

원피스를 옷장 구석에 걸면서 서연이는 또 옷 타령을 했어요.

"저번에 엄마가 얻어 온 옷들 수선하자. 지금 엄마랑 상가에 새로 생긴 수선 가게에 가 보자. 치수 재서 네 몸에 딱 맞게 줄이면 새 옷 같을 거야."

서연이는 엄마 말에 고분고분 따랐어요. 하루 종일 원피스 때문에 괴로웠기 때문에 기분 전환이 필요했거든요.

"새로나 수선이 뭐야? 이름이 왜 이렇게 촌스러워."

서연이는 수선 가게의 간판을 보고 피식 웃었어요. 문을 열고 들어가자 작은 가게 안에는 여러 색깔의 실과 단추들이 장식처럼 걸려 있었어요. 한쪽에 자리한 커다란 옷걸이에는 이름표가 달린 옷들이 걸려 있고, 아주머니가 앉아 있는 책상 앞에는 낯선 기계가 놓여 있었어요. 서연이는 처음 보는 기계가 궁금해 고개를 갸웃거렸어요.

"엄마, 저게 뭐야?"

서연이가 속삭이듯 묻자 아주머니가 빙그레 웃으며 대답했어요.

"이게 바로 아줌마 밥줄이자 망가진 옷을 고쳐 주는 미싱이란다. 아차차 재봉틀이라고 알려 줘야지. 호호호."

서연이는 재봉틀이 무척 신기했어요.

"아줌마가 솜씨 한번 보여 줄까?"

재봉틀을 요리조리 구경하는 서연이가 귀여웠는지 아주머니는 재봉틀 앞에 앉았어요.

"이렇게 바늘에 실을 꿰고, 천을 이 바늘 사이에 밀어 넣은 다음 페달을 밟으면 요술 같은 일이 일어난단다."

아주머니가 페달을 밟으며 천을 밀어 넣자 재봉틀이 드르륵 소리를 내며 천에 가지런한 바늘땀이 나타났어요.

"우아, 신기해요!"

서연이가 동그래진 눈으로 소리치자 아주머니도 엄마도 웃었어요.

"네가 입고 있는 옷들 대부분이 재봉틀로 만들어진단다. 물론 이 아줌마가 쓰는 재봉틀과 공장에서 쓰는 재봉틀이 다르기는 하지만."

아주머니의 설명을 듣자 조그만 가게가 달라 보였어요. 처음에는 쌓여 있는 옷들 때문에 어수선하고 복잡해 보였는데 지금은 신비롭게 느껴졌어요.

"바지허리 좀 줄여 주세요. 밑단도요."

엄마의 말에 아주머니는 싱글싱글 웃으면서 줄자로 서연이의 허리와 다리 길이를 재고는 하얀 조각 같은 걸로 바지에 표시를 했어요.

"요즘 일이 밀려서요. 한 3일 걸리는 데 괜찮으세요?"

서연이는 일이 많다는 아주머니의 말에 한쪽에 쌓여 있는 옷들

을 다시 훑어보았어요. 생각보다 많은 사람이 옷을 고쳐 입나 봐요. 엄마가 구멍 난 서연이의 옷을 꿰매 준 적은 있었지만 옷을 고치러 온 것은 처음이라 서연이는 수선 가게의 모든 것이 신기하기만 했어요.

"괜찮아요. 요즘 많이 바쁘신가 봐요."

아주머니의 말에 엄마가 웃으면서 대답했어요.

"수선 주문받은 것도 있고, 내가 고쳐서 저렴하게 파는 것도 있거든요. 조금만 고치면 잘 입을 수 있는 옷들을 그냥 버리는 경우가 많잖아요. 세상에 옷 한 벌 만들려면 얼마나 힘이 드는데 옷을 이렇게 소모품처럼 버리는지 모르겠어요. 요기 이 옷 좀 봐요. 손님이 안 입는다고 놓고 간 것을 내가 새로 고쳤는데 예쁘지 않아요?"

서연이랑 엄마는 아주머니가 내민 옷을 보고 감탄해서 입이 벌어졌어요.

"아, 이런 게 리폼이구나. 솜씨 좋으시네요."

엄마는 아주머니에게 옷을 받아 이리저리 살펴보았어요.

"수선, 리폼. 으…… 왜 이렇게 어렵지?"

서연이는 수선 가게를 둘러보며 알 듯 말 듯한 단어들을 되뇌어 보았어요.

🔹 옷은 어떻게 만들어질까?

만나서 반가워. 난 바늘이야.
내가 얼마나 고마운 존재인지 아니?
지금 너희가 입고 있는 옷들은 모두 내 덕에 만들어졌어.
나랑 실이랑 천이 만나면 멋진 옷이 완성되지.
우리가 어떤 옷을 만드는지 궁금하다면 얼른 따라와.

실과 바늘의 혁명은 무엇일까?

아무리 아름다운 천이 있어도 실과 바늘로 천과 천을 연결하지 않으면 옷이 만들어지지 않아. 그래서 실과 바늘의 탄생은 우리의 삶에 커다란 변화를 일으킨 혁명적인 일이었어.

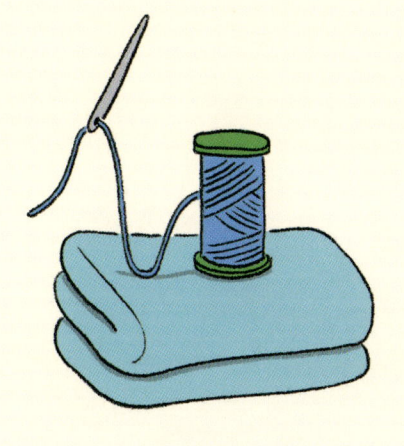

실과 바늘이 만들어진 것은 석기 시대의 일이야. 동물이나 물고기의 뼈로 바늘을 만들었고, 가락바퀴를 이용해서 솜이나 천 같은 것을 얇게 꼬아 실을 만들었다고 해.

농사를 짓기 전에는 물고기를 잡아 식량을 구하는 일이 매우 중요했어. 그물을 만들다 보니 뼈바늘과 실도 만들게 된 거야. 그러다가 자연스레 뼈바늘과 실로 옷도 짓게 되었대.

이렇게 실과 바늘이 만들어진 후 사람들은 실, 바늘, 천으로 다양한 옷을 짓기 시작했어. 시간이 흐른 지금도 실과 바늘은 옷을 만드는 중요한 도구로 쓰이고 있어.

다양한 옷감의 섬유

옷을 만들려면 옷감이 필요해. 옷을 만드는 천을 원단이라고 부르는데 원단에는 종류가 무척 많아. 원단을 이루는 섬유에는 천연 섬유와 합성 섬유가 있어. 천연 섬유는 자연에서 얻은 재료로 만들어진 섬유를 말해. 합성 섬유는 석탄, 석유, 천연가스 등을 원료로 해서 화학적으로 합성한 섬유야.

부드러운 면섬유

면섬유는 천연 섬유의 한 가지로, 목화에서 씨를 발라낸 후 거두어 낸 솜에서 뽑아낸 섬유를 말해. 면섬유는 흡수성이 좋고 빨아도 잘 상하지 않아서 우리가 제일 즐겨 입는 옷의 원단으로 쓰여.

시원한 마섬유

마섬유는 아마, 삼, 모시풀 등의 줄기를 벗겨서 만든 천연 섬유야. 마섬유로 만든 옷은 아주 시원해서 여름옷을 만들기에 적당하지. 하지만 구김이 잘 간다는 단점이 있어.

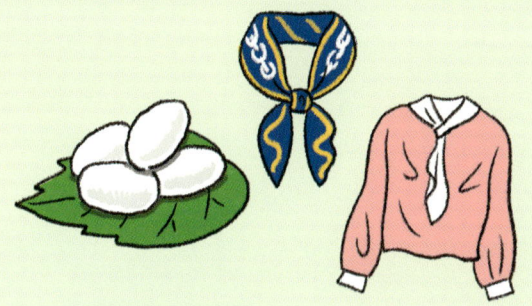

매끄러운 견섬유

견섬유는 누에고치에서 얻은 천연 섬유야.
부드럽고 은은한 광택이 나서 블라우스나
원피스, 한복이나 스카프 같은 걸 만들 때 쓰여.

따뜻한 모섬유

모섬유는 동물의 털에서 얻은 천연 섬유야.
잘 구겨지지 않고 보온성이 좋아서
아주 따뜻해. 코트, 스웨터 같은
겨울옷을 만들 때 쓰여.

편리한 합성 섬유

합성 섬유는 인조 섬유라고도 해.
우리가 나일론이라고 부르는 섬유와
폴리에스테르 섬유, 아크릴 섬유,
폴리우레탄 섬유 등이 바로 합성 섬유야.
합성 섬유는 천연 섬유보다 가격이 저렴하고
대량 생산이 가능하다는 장점이 있어.

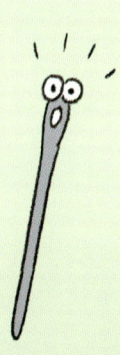

원단의 특성에 따라 옷의 쓰임이 달라.

6. 이상한 옷

"서연아, 서연아!"

엄마가 몇 번이나 불렀지만 서연이는 대답이 없었어요.

"얘가 방에서 뭘 하길래 왜 이렇게 조용하지?"

결국 엄마는 서연이 방문을 열어 보았어요.

"서연아, 뭘 하고 있는 거니?"

코에 땀이 송글송글 맺힌 서연이는 풍경 사진을 보면서 스케치북에 그림을 그리고 있었어요. 숙제로 낼 작품으로 멋진 풍경화를 그리기로 했거든요. 서연이는 친구들이 깜짝 놀랄 만큼 아주 멋지게 그리고 싶었어요.

"엄마, 나 바빠. 풍경화 그려야 한단 말이야."

"바빠도 수선 가게에 다녀왔다 하는 게 어떨까?"

"아, 내 옷 수선 맡긴 거 있었지?"

"응. 가서 잘 맞는지 입어 보고 확인해서 가져오는 게 확실하고 좋거든."

"알겠어."

조금 귀찮기는 하지만 수선된 옷을 직접 보고 싶다는 생각이 들었어요.

"어, 이곳은 뭐 하는 곳이지?"

수선 가게가 있는 골목으로 접어들었을 때였어요. 서연이는 지난번에 보지 못했던 작은 가게를 발견했어요. 간판은 없지만 가게 안이 훤히 들여다보이는 유리로 되어 있었지요. 가게 안에는 옷과 가방, 신발과 인형 들이 장식되어 있었어요.

"옷 가게인가?"

서연이는 고개를 갸웃거리며 가게 앞으로 가까이 가 보았어요. 분명 옷들이 걸려 있기는 한데 그 옷들은 옷 가게에서 파는 옷들과는 어딘가 모르게 달라 보였어요. 인형도, 가방도요.

"들어와서 구경해도 돼."

갑자기 가게 문이 드르륵 열리며 주인으로 보이는 언니가 웃으며 말했어요.

"네? 아, 네."

조금 놀랐지만 서연이는 호기심을 누를 수 없었어요. 언니를 따라 가게 안으로 들어간 서연이는 눈이 왕방울만 해졌어요. 대체 무엇을 파는 가게인지 알 수가 없었어요. 가게 이곳저곳에는 손수건, 인형, 가방, 옷 들이 잔뜩 걸려 있었어요. 하지만 파는 것 같아 보이지는 않았어요. 낡아서 때가 탄 인형도 있었거든요.

가게 중앙에는 커다란 탁자가 있고 탁자 위에는 커다란 천이 펼쳐져 있었어요. 가게 한쪽에 놓인 서랍장에는 돌돌 말린 색색의 천이 차곡차곡 쌓여 있었고요. 수선 가게에서 보았던 재봉틀이 폭이 좁은 탁자에 놓여 있었어요.

'대체 이곳은 뭘 하는 곳이지?'

"이곳이 어떤 곳인지 궁금하구나?"

서연이의 마음을 읽었는지 언니가 빙그레 웃으며 말했어요.

"여긴 바느질을 하는 곳이야."

"바느질이요?"

"응. 서양 바느질인 퀼트도 가르쳐 주고, 우리 전통 바느질인 규방 공예도 배우는 곳이야."

아, 그리고 보니 사극에서 보았던 수틀도 가게 한쪽에 있는 것이 눈에 띄었어요.

"찬찬히 구경해도 돼. 요즘 네 또래의 아이들도 우리 가게에 많이 놀러 와. 학교에서 바느질 배운다며?"

"아. 네."

"재봉틀로 만들면 편하기는 한데, 손으로 한 땀 한 땀 바느질하는 맛을 아는 사람은 손바느질에서 벗어나기 쉽지 않아. 수놓는

것도 정말 재미있어. 한번 빠지면 헤어 나오기가 어렵지."

언니는 바느질을 정말 좋아하는 것 같았어요. 서연이는 얼마 전에 배웠던 바느질을 떠올려 보았어요. 얇고 작은 바늘에서 바늘귀를 찾아 그보다 더 얇은 실을 꿰는 건 엄청난 집중력이 필요한 일이었어요.

바늘에 실을 꿰는 것도 어려웠지만 그보다 더 어려운 건 하얀 천에 색실로 바느질을 하는 거였어요. 선생님이 가르쳐 주는 대로 바느질을 하는데도 바늘땀이 삐뚤빼뚤해졌거든요. 우리가 입고 있는 옷처럼 바느질이 되어 있는 물건들은 모두 바늘땀이 똑바르잖아요. 그런데 직접 바느질을 해 보니 너무 어려웠어요. 엄마에게 들어 보니 시중에서 파는 옷들은 재봉틀로 바느질해서 바늘땀의 간격이 똑같은 거래요. 물론 바느질을 잘하는 사람은 손으로 해도 바늘땀의 간격이 거의 일정하겠지만요.

가게를 살펴보니 언니도 바느질을 엄청 잘하는 것 같았어요. 벽에 걸려 있는 옷들, 인형들 모두 겉으로 드러난 바늘땀이 반듯해 보였거든요.

"너도 바느질하는 것 좋아하니?"

신기한 듯 언니의 작품들을 구경하는 서연이를 보며 언니가 물었어요.

"네? 아, 그, 그냥 조금요."

"요즘 나는 옷 만드는 재미에 푹 빠져 있어."

"옷이요?"

"응. 그것도 아주 특별한 옷."

특별한 옷이라는 말에 서연이는 언니 가까이로 다가갔어요.

"어, 그, 그거는."

서연이는 언니가 꺼낸 옷을 보고 깜짝 놀랐어요. 분명해요. 언니가 특별한 옷이라고 한 그 옷은 서연이가 며칠 전에 헌 옷 수거함에 버린 원피스예요.

"왜? 이거 아는 옷이니?"

"네? 제, 제가 얼마 전에 버린 옷 같아서요."

"그래? 얼마 전에 내가 헌 옷 수거함에서 꺼냈어. 이 원피스는 내 손에서 특별한 옷으로 다시 태어날 거야."

"네?"

서연이는 언니의 말이 이해되지 않았어요. 서연이가 입다 버린 낡고 해진 옷이 언니 손에서 특별한 옷으로 태어날 거라니요.

"나는 새로운 천을 사다가 옷을 만드는 것도 재미있지만 버려진 옷들을 재활용해서 만드는 옷도 좋더라. 옛날에는 아기가 태어난 후에 100일이 되면 100군데의 집에서 얻어 온 천 조각을 이어 '100 조각 저고리'를 만들어 줬다고 해. 그렇게 하면 아기가 건강하게 오래 산다고 생각했거든. 어때? 정말 멋지지 않니? 내가 이 원피스에다 물이 빠진 부분이랑 천이 해진 부분에 수를 놓았어. 감쪽같지?"

정말이에요. 언니 손에 들린 옷은 서연이가 버린 옷과 정말 달라 보였어요. 서연이가 헌 옷 수거함에 버린 옷은 물이 군데군데 빠지고 해진 낡은 옷이었는데, 지금 언니 손에 들린 옷은 꽃과 나비 자수가 어우러져 아주 멋스러웠어요.

"내가 지금 작업하고 있는 옷의 주인이 가게에 오다니, 정말 신기하다. 기념으로 특별한 작품들을 구경시켜 줄게."

언니는 서연이에게 더 많은 옷을 보여 주었어요.

"우아, 이 옷이 오리털 점퍼만큼 따뜻하다고요?"

제일 신기한 것은 바로 누비옷이었어요. 언니는 두 겹의 옷감 사이에 솜을 넣어 일정한 간격으로 촘촘하게 꿰매는 것을 '누비'라고 설명해 주었어요.

"내가 제일 존경하는 스승님이 우리나라 무형 문화재이신 누비장 김수자 선생님이시거든."

"무형 문화재요?"

서연이는 정말 깜짝 놀랐어요. 바느질을 잘해서 무형 문화재가 된다는 이야기는 처음 들어 보았으니까요.

"응. 누비옷은 보온 효과가 좋아. 오리털 점퍼나 털옷은 사람의 욕심 때문에 동물들 털을 함부로 뺏는 것 같아서 나는 안 입게 되더라고."

서연이도 언젠가 들어 본 적 있어요. 동물 보호 협회에서 밍크코트 같은 옷을 만드는 걸 반대한다고 했거든요. 아빠가 보여 준

기사를 보니까 사람들이 입을 옷을 만들기 위해 많은 동물이 희생되는 건 사실인 것 같았어요.

"재봉틀로 하는 것보다 손바느질로 누비면 옷이 더 따뜻한 것 같아."

"바느질의 세계는 정말 신기한 것 같아요. 그런데 언니, 이 옷은 색깔이 다른 옷들과 조금 다른 것 같아요."

서연이는 색깔이 독특한 옷을 보고 물었어요.

"아, 이건 옛날 우리 조상님들이 하던 방법대로 천연 염색을 해서 그래. 그리고 보면 우리 조상님들이 얼마나 지혜로웠는지 몰라. 지금처럼 환경을 오염시키지 않고도 자연에서 얻은 재료로 곱게 염색했어. 바느질을 공부하다 보면 조상님들 지혜에 새삼 놀라게 돼."

서연이는 언니가 들려주는 이야기에 푹 빠져서 시간이 가는 줄도 몰랐어요. 옷 한 벌 속에 이렇게 많은 이야기가 숨어 있는 줄은 꿈에도 몰랐거든요.

🔵 옷을 특별하게 만들어 준다고?

친구들, 안녕? 난 솜이야.
너희가 덮는 이불, 베고 자는 베개, 두툼한 겨울옷 등에
들어 있어. 나처럼 옷을 따뜻하게 해 주거나 고운 색으로
만들어 주는 친구들이 있어. 누구인지 궁금하다고?
내 얘기에 귀를 기울여 봐.

털옷 말고도 추위를 막아 주는 옷이 있다고?

옛날에는 추위를 막기 위해 털가죽으로 옷을 만들었어. 하지만 누구나 쉽게 만들어 입을 수 없는 옷이었지. 그런데 고려 시대에 목화솜이 들어온 뒤로 누구나 천 사이에 솜을 넣고 만든 누비옷을 입고 겨울을 따뜻하게 날 수 있었어.

이제는 동물의 털로 만들어진 옷을 반대하는 목소리가 커지고 있어. 털옷 한 벌을 만드는 데 수십 마리의 동물이 희생되거든.

많은 사람이 동물의 털과 비슷한 합성 섬유를 만들기 위해 노력하고 있어.

솜을 촘촘하게 누빈 누비옷도 털옷만큼 따뜻해서 겨울에 입기 아주 좋아.

하얀 천에 색을 입히는 방법

옷을 만드는 기술이 발달하지 않았던 옛날에는 지금처럼 옷 색깔이 다양하지 않았어. 무명천으로 만든 하얀 옷을 많이 입었지. 그러다 식물의 잎이나 줄기, 열매로 옷감에 물을 들이기 시작했어. 재료만 있으면 너희도 집에서 쉽게 옷감을 염색할 수 있어.

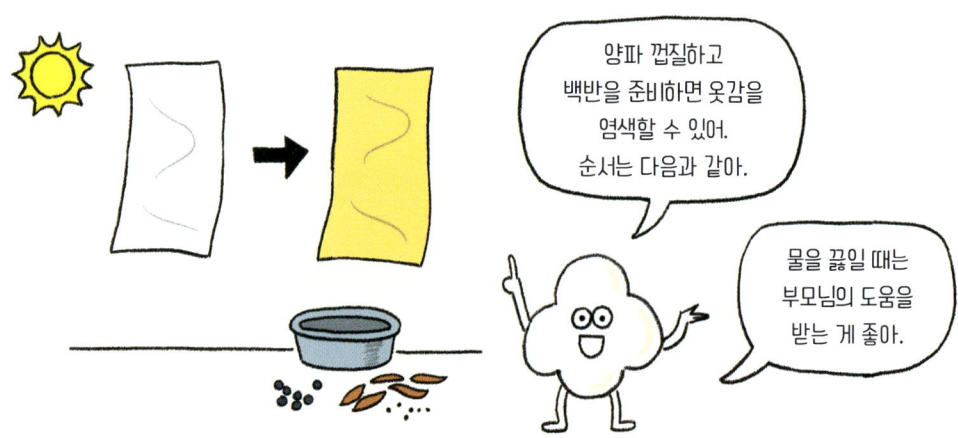

양파 껍질하고 백반을 준비하면 옷감을 염색할 수 있어. 순서는 다음과 같아.

물을 끓일 때는 부모님의 도움을 받는 게 좋아.

양파 껍질을 버리지 말고 망에 모아 놔.

물 10리터에 양파 껍질 400~600그램을 넣고 센불에서 끓여.

내가 만든 특별한 옷은 나를 특별하게 만들어 주는 소중한 보물과 같아.

팔팔 끓으면 약한 불에서 30분 정도 더 끓여. 그 다음 양파 껍질을 끓인 물이 식으면 망을 이용해서 양파 껍질을 걸러 내.

안 입는 티셔츠 등 하얀 천을 걸러 낸 물에 담가서 20분 동안 골고루 주물러.

미지근한 물에 백반 한 숟가락을 넣고 녹인 다음, 천을 넣어서 20분 정도 주무르면 점점 색이 짙어질 거야.

백반을 녹인 물에 천을 주무르는 과정을 거듭할수록 색이 더 진해져. 마음에 드는 색이 나오면 깨끗한 물에 세탁해서 말리면 돼.

7. 특별한 옷

"자. 지금부터 이번 전시회 건에 대해 회의를 시작하겠습니다."

회장인 주혁이가 교탁을 두드리자 웅성거리던 아이들이 조용해졌어요.

"지난주 회의 때 우리 반 전시는 옷으로 정했던 것 기억하죠?"

주혁이는 제법 진지한 표정으로 회의를 진행했어요. 서연이네 학교에는 1학기를 마칠 때쯤 아주 특별한 행사를 해요. 전교생의 작품과 장기를 뽐낼 수 있는 발표회지요. 한 학기 동안 배운 것들을 중심으로 노래를 부르기도 하고, 만들기를 해서 전시도 하고, 국어 시간에 배운 희곡 작품으로 연극을 공연하기도 해요.

지난주 회의 시간에 서연이네 반은 특별한 옷을 만들어 전시하기로 정했어요. 수업 시간에 옷에 대해 배운 적이 있거든요.

"이번 시간에는 어떤 특별한 옷을 만들 것인가에 대해 이야기해 보겠습니다. 좋은 의견을 발표해 주면 좋겠습니다."

주혁이의 말에 아이들이 손을 들었어요.

"'특별하다'를 떠올리면 제일 먼저 떠오르는 게 파티 아닌가요? 전 드레스나 턱시도 같은 멋진 옷을 만들었으면 좋겠어요. 특별한 옷이니까 특별하게 아주 비싸고 화려하고 멋지게 만들어진 옷이어야죠."

제일 먼저 발표 기회를 얻은 세나가 새침하고 도도한 표정으로 말했어요.

"좋은 생각이다."

"멋지겠다."

세나의 의견에 몇몇 아이들이 박수를 치며 이야기했어요.

"다른 의견 있습니다."

부회장인 희진이가 손을 들고 발표할 기회를 얻었어요.

"파티가 특별한 행사인 것은 맞지만 바느질 솜씨가 부족한 우리가 드레스나 턱시도를 만들 수 있을까요?"

차분한 희진이의 말에 다른 아이들도 고개를 끄덕였어요. 서연이도 희진이의 생각이 맞는 것 같아요. 짧은 시간 안에 그런 옷을 만들기는 어려울 것 같다는 생각이 들었거든요.

여러 아이가 의견을 냈지만 신통치가 않았어요. 결혼식에 입는 드레스도, 핼러윈 데이 때 입는 의상도 모두 멋지고 화려해서 특별한 옷인 것은 분명해요. 하지만 서연이네 반 아이들이 만들기엔 어려워 보였어요. 의견을 낼 때마다 찬성보다는 반대 의견이 더 많이 나오자 더 이상 의견을 내는 아이들이 없었어요. 그러자 회의 분위기가 점점 가라앉았어요.

"다른 의견 없으세요?"

아이들이 의견을 내놓지 않자 주혁이가 시계를 보며 재촉을 했어요.

"어떤 옷이 특별한 옷일까?"

주혁이의 재촉에 서연이는 고개를 갸웃거렸어요. 아무리 생각해도 잘 모르겠어요. 비싸고 화려한 옷이 특별한 옷이 아니라면 대체 어떤 옷이 특별한 옷일까요? 다른 아이들 역시 마찬가지로 잘 모르겠다는 표정이었어요. 다들 쉽사리 의견을 내지 못하고 웅성거리기 시작했어요.

"조용, 조용히 해 주세요. 의견이 있으면 손을 들고 발언권을 얻어 이야기해 주세요."

애가 타는지 주혁이가 얼굴을 찡그리며 말했어요.

"아무래도 안 되겠다. 선생님이 조금만 도울게."

말없이 회의를 지켜보던 선생님이 웃으며 자리에서 일어났어요. 주혁이는 구원 투수라도 만난 듯 표정이 밝아졌어요.

"얘들아, 특별한 순간에 대해 다시 한번 생각해 보자. 지금 너희는 특별하다는 의미에 대해 잘못 생각하고 있는 것 같아. 화려하고 값비싼 옷이 꼭 특별한 옷은 아니거든. 우리는 어떤 순간들을 특별한 순간이라고 부르지?"

선생님의 질문에 서연이도 아이들도 특별한 순간에 대해 곰곰이 생각해 보았어요.

"결혼식, 시상식, 파티 같은 이런 일도 특별한 순간들인데, 일생에 딱 한 번뿐인 특별한 순간들도 있어. 잘 생각해 보렴."

선생님의 이야기에 갑자기 민아가 소리쳤어요.

"돌잔치요."

아이들 모두 작게 탄성을 질렀어요.

"그래. 맞아. 돌잔치는 일생에 딱 한 번뿐인 아주 특별한 생일날이지. 그래서 그날만 입는 옷도 따로 있단다."

맞아요. 서연이도 돌잔치 때 특별한 옷을 입고 찍은 사진이 있어요. 아마 다른 아이들도 마찬가지일 거예요. 태어나 처음 맞는 생일인 돌 때는 돌복을 입고 사람들에게 축하도 받고, 사진도 찍으니까요.

"돌복이야말로 특별한 옷인 것 같아. 난 색동저고리 입었는데."

"나도. 무슨 도령 옷 같은 거였어."

아이들은 자신들이 입었던 돌복을 떠올려 보았어요.

"선생님, 그러면 배냇저고리도 특별한 옷이죠?"

웅성거리는 아이들 속에서 누군가 소리쳤어요.

"그래 맞아. 배냇저고리는 이 세상에 태어나 제일 처음 입는 옷이니, 배냇저고리도 아주 특별한 옷이라고 할 수 있지."

선생님이 웃으며 말했어요.

"배냇저고리? 그게 뭐지?"

"왜, 갓난아기 때 입는 옷. 끈으로 묶는 옷, 있잖아."

배냇저고리가 무엇인지 묻는 아이들과 자신이 입었던 배냇저고리를 설명하는 아이들 때문에 교실은 한층 더 시끄러워졌어요. 서연이도 어릴 때 입었던 배냇저고리를 떠올려 보았어요.

"조용. 조금만 조용히 해 주세요. 지금까지 나온 특별한 옷은 돌복과 배냇저고리입니다. 또 다른 의견 없습니까?"

주혁이가 소란스러워진 아이들을 조용히 시키고 회의 내용을 정리해 주었어요.

"아, 수의요. 사람이 죽을 때 입는 옷도 특별한 옷인 것 같아요."

얼마 전에 할머니의 장례를 치른 진호가 의견을 냈어요.

"그래 맞아. 수의도 정말 특별한 옷이라고 할 수 있지."

선생님도 진호의 의견에 고개를 끄덕였어요.

"선생님, 수의가 뭐예요?"

몇몇 아이들은 수의를 본 적이 없는지 선생님에게 수의에 대해 물어보았어요. 서연이도 수의를 실제로 본 적은 없어요. 동화책에서 그림으로 본 적은 있지만요.

"수의란 사람이 세상을 떠날 때 입는 옷을 말한단다. 사람이 죽으면 습이라고 해서 깨끗이 목욕을 시킨 다음 옷을 갈아입혀. 그

때 입히는 옷이 바로 수의야. 삼베나 명주로 만들고. 아, 한지로도 만들어."

선생님은 칠판에 배냇저고리와 돌복, 수의를 그림으로 그리며 설명을 이어 갔어요. 선생님이 분필을 내려놓자 주혁이가 말했어요.

"선생님이 말씀해 주신 옷들 진짜 특별한 옷인 거 같아요. 처음 태어나 입는 옷, 첫 생일에 입는 옷, 죽을 때 입는 옷. 이 세 벌의 옷을 우리 함께 만들면 어떨까요?"

"좋은 생각입니다."

"동의합니다."

아이들 모두 밝은 표정으로 대답했어요.

"그런데 바느질이 어렵지 않을까요?"

희진이가 선생님을 보며 말했어요.

"돌복을 빼고는 특별한 장식이 없으니까 옷본이 있으면 바느질이 서툴러도 만들기 어렵지는 않을 거야. 수의는 한지로 만들어 보는 것도 좋겠다."

"그럼, 세 팀으로 나눠서 팀별로 한 벌씩 만들기로 하겠습니다. 팀을 짜야 하니, 자신이 만들고 싶은 옷을 정해서 알려 주세요. 그럼 이것으로 오늘 회의를 마치겠습니다."

회의가 끝나자 선생님이 다시 교탁 앞으로 왔어요.

"다들 수고했어. 주혁이도 고생 많았고. 참, 애들아. 집에 가서

너희가 입었던 배냇저고리나 돌복 사진이 있다면 그 사진을 참고해도 좋겠구나. 어떤 옷을 만들 것인지 정하기 전에 옷의 형태나 재료들을 보는 것이 좋을 것 같거든."

선생님의 이야기에 아이들 모두 고개를 끄덕였어요. 서연이는 앨범 속에서 보았던 서연이가 입었던 돌복을 떠올려 보았어요. 아이들이 얘기했던 것처럼 색동저고리를 입었던 것 같기도 하고, 아닌 것 같기도 해요.

'아, 어떤 옷이었지? 궁금하다.'

서연이는 빨리 집에 가서 돌복 사진을 보고 싶다는 생각이 들었어요. 다른 아이들도 마찬가지인 것 같았어요. 잔뜩 들뜬 얼굴의 아이들을 본 선생님은 이번 전시회 때 서연이네 반 아이들이 정말 특별한 옷을 만들 수 있을 것 같다는 생각이 들어 기분이 좋았어요.

◆ 특별한 날에만 입는다고?

친구들, 안녕? 난 옷고름이라고 해.
나는 배냇저고리나 저고리에 붙어 있어.
내가 있어야 옷이 벌어지지 않거든.
배냇저고리는 언제 입는 옷이냐고?
이런, 모르는 게 너무 많구나. 걱정 마.
내가 다 설명해 줄게.

🏷️ 뜻깊은 날에 입는 귀한 옷이 있다고?

아기가 태어나서 처음 입는 옷이 바로 배냇저고리야. 손과 배를 덮을 정도로 길게 만들어. 입히고 벗기기 쉽고, 기저귀를 갈기도 쉬워. 오래 살라는 의미로 무명실로 옷고름을 만들었다고 해.

돌 때 여자아이는 색동저고리에 다홍치마와 당의를 입었어. 당의는 앞뒤가 무릎까지 내려오는 저고리야. 그리고 머리에는 조바위라는 모자를 쓰고 꽃신을 신었어. 정말 예쁘지?

돌 때 남자아이는 풍차바지랑 저고리, 까치두루마기를 입었어. 풍차바지는 뒤가 터져 있어. 기저귀를 갈아입히기 쉽게 만든 거지. 머리에는 복건이라는 모자를 쓰고 태사혜를 신었어.

우리 조상들은 결혼할 때도 특별한 옷을 입었어. 신부는 모시 적삼, 속저고리, 삼회장저고리를 겹쳐 입고, 치마도 남치마와 다홍치마를 겹쳐 입었어. 그리고 그 위에 원삼이나 활옷을 입고, 대대를 맸지. 머리에는 화관이나 족두리를 썼어.
신랑은 저고리와 바지 위에 관복을 입고 목화라고 부르는 신발을 신었어. 그리고 머리에는 사모라는 모자를 썼지.

다른 나라의 전통 의상

다른 나라에도 우리나라의 '한복'과 같은 전통 의상이 있어. 각 나라의 전통 의상은 그 나라의 기후와 상황에 맞게 만들어졌어. 그래서 문화유산이라고 볼 수 있어. 유행을 따라 유행하는 옷을 입는 것도 좋지만 그 나라의 문화와 역사가 담긴 전통 의상을 사랑하고 보존하는 것도 참 중요해.

지금부터 여러 나라의 다양한 전통 의상을 살펴보자.

중국의 전통 의상

중국의 전통 의상 중 가장 잘 알려진 옷은 '치파오'야. 옆부분이 트여 있어 활동하기 좋아. 중국의 소수 민족인 만주족이 활을 쏘거나 말을 탈 때 입었던 옷에서 유래되었어.

일본의 전통 의상

일본에는 '기모노'라고 불리는 전통 의상이 있어. 남자는 기모노 위에 주름치마 같은 '하카마'를 입어. 기모노의 종류는 매우 다양해. 입는 사람의 나이와 행사 등에 맞추어 입는다고 해.

옷을 살펴보면 그 옷을 입은 사람들의 역사와 문화를 알 수 있어.

인도의 전통 의상

인도 남자들은 무릎까지 내려오는 길이의 외투인 '아즈칸', 여자들은 '사리'라는 전통 의상을 입었어. 사리는 바느질을 하지 않은 긴 천을 다양한 형태로 휘감아 입는 옷이야. 사는 지역과 신분 등에 따라 착용법이 조금씩 다르다고 해.

스코틀랜드의 전통 의상

스코틀랜드의 남자들이 입는 전통 의상은 '킬트'야. 엉덩이 부분에 주름이 잡혀 있고, 타탄체크 무늬가 특징이지. 오늘날에도 옷과 가방, 장신구 등에 타탄체크 무늬가 쓰이고 있어.

베트남의 전통 의상

베트남에는 '아오자이'라는 전통 의상이 있어. 베트남어로 '아오'는 '옷', '자이'는 '긴'을 의미해. 그러니까 '긴 옷'이라는 의미지. 입는 사람의 신분과 행사 등에 맞추어 색상을 골라서 입었대.

멕시코의 전통 의상

멕시코의 전통 의상은 '판초'야. 차가운 바람을 막아 주고 누구나 편하게 입을 수 있다는 게 장점이야. 이불처럼 덮거나 물건을 싸는 용도로도 쓰였다고 해.

8. 나만의 옷

"아이, 자꾸 바늘땀이 삐뚤어지네."

서연이는 한숨을 푹푹 내쉬며 말했어요. 며칠 전부터 서연이는 바느질 언니에게 돌복을 만드는 방법을 배우고 있어요. 서연이의 사연을 들은 언니가 수강료 대신 서연이가 안 입는 헌 옷을 받고 도와주기로 했거든요. 다정하고 자상한 언니지만 수업할 때는 단호하고 냉정했어요. 바느질 방법을 알려 준 다음에는 서연이가 모두 직접 하게 했어요. 언니가 하는 것을 볼 때는 쉬워 보였는데, 서연이가 직접 하려니까 너무 어렵지 뭐예요. 바늘에 실을 꿰어서 일정한 간격으로 천을 잡아 바느질을 하면 되는데, 이 단순한 일이 왜 이리 어려운지 모르겠어요. 바늘땀은 이리 갔다 저리 갔다 삐뚤빼뚤 난리였어요.

"서연아, 아무래도 그 천으로 바느질하는 건 어려워 보이는데

네 생각은 어떠니?"

언니가 서연이를 보며 말했어요. 서연이가 돌복을 만들겠다고 고른 천은 비단이에요. 비단은 얼마나 보드라운지 몰라요. 게다가 색깔은 또 얼마나 예쁘다고요. 딱 봐도 엄청 고급스러워 보여요. 그런데 천이 부드러워서 바느질하기가 쉽지가 않아요. 천 두 겹을 겹쳐 놓고 바느질을 해야 하는데, 겹쳐 놓은 천들이 밀려서 어긋나지 뭐예요.

"원래 비단에 바느질하는 건 쉽지가 않아. 고수들에게도 어려운 일이거든."

"그래도 전 비단으로 만들고 싶어요."

서연이는 특별한 옷을 만들고 싶었어요. 그 누가 만든 것보다 특별한 옷 말이에요.

"서연아, 네가 스스로 옷을 한 벌 만든다는 것부터가 특별한 일이야. 요즘은 옷을 직접 지어 입는 사람들이 거의 없잖아."

"그건 그렇죠."

서연이는 언니의 말에 고개를 끄덕였어요.

"공업용 재봉틀이 생기고 나서는 옷을 만들어 입는 사람들이 드물어졌어. 공장에서 나오는 기성복이 얼마나 예쁘니? 너도 해 봐서 알지만 옷 한 벌을 만드는 게 정말 쉽지 않거든."

"맞아요. 옷 만드는 건 너무너무 힘든 일인 것 같아요. 이렇게 힘든 줄 꿈에도 몰랐어요."

서연이는 고개를 세차게 끄덕였어요.

"너뿐만이 아니라 많은 사람이 그렇게 생각할 거야. 거리에 나가 보면 널린 게 옷이잖아. 하루에도 몇천 벌 아니 몇만 벌씩 쏟아져 나올걸. 그러다 보니 옷에 대해 소중함을 잘 모르는 것 같아. 멀쩡한 데도 유행이 지났다고 안 입고, 버리고."

　언니의 이야기를 듣다 보니 서연이는 갑자기 부끄러워졌어요. 언니가 꼭 서연이의 이야기를 하는 것 같았거든요.

"옛날엔 말이야. 옷 한 벌 만들려면 아주 오랜 시간이 걸렸대."

　서연이는 언니의 손에 들린 옷을 가만히 바라보았어요. 언니도 저 옷을 며칠째 붙들고 있어요. 서연이가 가져온 낡고 해진 원피스에다가 가게에 있던 조각 천들을 깁고 이어서 새로운 원피스를 만들고 있거든요. 서연이도 작은 돌복을 만들기 위해 며칠째 고생하고 있고요.

"언니는 네가 겉보기에 화려하고 멋진 옷보다는 다른 의미에서 조금 특별한 옷을 만들어 보았으면 좋겠어."

"다른 의미에서 특별한 옷이요?"

　서연이는 바늘땀이 엉망인 천을 내려다보았어요. 언니와 함께 치수를 재고 옷본을 만든 다음, 그 옷본을 대고 자른 비단은 얼추 저고리의 꼴을 갖추어 가고 있어요. 하지만 마음과 달리 바느질이 삐뚤빼뚤해서 하나도 예쁘지가 않아요. 이대로 완성된다면 서연이가 만든 돌복은 전혀 특별하지 않을 것 같아요.

"서연이만 만들 수 있는 그런 멋진 옷을 만들어 봤으면 좋겠어. 비싼 천, 화려한 장식 이런 것 생각하지 말고. 옷을 만들고 있다는 것부터가 엄청 특별한 거니까. 언니는 서연이가 겉으로 보이는 것에 신경을 덜 쓰고 진심이 담긴 옷을 만들었으면 좋겠어. 옛날 사람들은 옷 한 벌을 지으면 그 옷이 너덜너덜해지기 전까지 입었대. 천을 덧대어 늘여 입고, 해지면 꿰매 입고. 옷이 나인지 내가 옷인지 모를 만큼. 뭐랄까 옷이 내 과거이자 현재이자 미래였던 거지."

"정말요?"

언니의 이야기를 듣던 서연이는 멀쩡한 옷을 입지 않겠다고 투정 부렸던 모습이 떠올라 부끄러워졌어요.

"지금은 옷이 멋을 부리는 용도로 많이 사용되지만 옛날엔 다른 의미도 많았던 것 같아. 늘 내 곁에서 내 기쁨과 슬픔을 오롯이 함께했던 것이 바로 내 옷이었던 거지. 대부분 어머니나 할머니가 세상에서 단 하나뿐인 옷을 만들어 주셨을 테니까, 옷에 대한 애정이 각별했을 거야."

서연이는 고민이 되었어요. 언니의 말을 듣고 보니 비싸고 좋은 천에 예쁜 색실, 화려한 장식을 단다고 해서 특별한 옷이 되는 건 아니라는 생각이 들었거든요. 서연이는 언니가 다시 바느질을 하는 것을 보며 생각에 빠졌어요. 낡은 천 조각이 언니의 손에서 생명을 얻어 다시 태어나고 있었어요.

"아, 맞다!"

서연이가 갑자기 무릎을 치며 말했어요.

"언니, 아주 특별한 옷을 만들 수 있을 것 같아요."

"어?"

서연이의 말에 언니가 궁금한 표정을 지었어요.

"아빠와 엄마 옷이랑 작아진 내 한복의 조각을 모아 돌복을 만들어 볼래요. 의미가 있을 것 같아요."

"와, 그거 좋은 생각이다."

"저, 집에 다녀올게요."

서연이는 곧장 집으로 달려갔어요. 집에 들어서자마자 옷장 서랍을 뒤져 작아져서 못 입게 된 한복을 꺼냈어요. 또 안방으로 가 엄마, 아빠가 입지 않는 낡은 옷도 꺼냈어요.

"엄마, 이 옷들 엄마도, 아빠도 안 입는 거지?"

저녁 준비를 하던 엄마는 서연이가 내민 낡은 옷들을 보고 깜짝 놀랐어요. 바느질 공방에 간다고 나갔던 서연이가 갑자기 우당탕 뛰어 들어와 옷장을 뒤적거려 낡은 옷을 찾아냈으니 놀랄 수밖에요.

"어? 어. 그런데 이 옷들은 왜?"

"특별한 옷을 만들려고."

"어? 특별한 옷? 이 낡은 옷들로?"

엄마는 점점 더 이해할 수 없다는 표정을 지었어요.

"두고 보면 알아. 그럼 다녀올게. 처음부터 다시 시작해야 해서 시간이 별로 없어. 저녁 먹을 때까지는 돌아올게."

서연이는 숨이 찰 때까지 바느질 공방을 향해 뛰었어요. 이제 서연이만의 특별한 옷을 만들 수 있을 것 같아요. 바늘땀이 조금 삐뚤빼뚤해도 괜찮아요. 남들에게 보여 주기 위한 특별한 옷이 아니라 서연이에게 의미 있고 특별한 옷을 만들 거예요. 삐뚤빼뚤한 그 바늘땀 하나하나가 서연이가 옷을 만들었던 순간들을 기억하게 해 줄 거니까요.

🔶 옷에도 과거와 현재, 미래가 있다고?

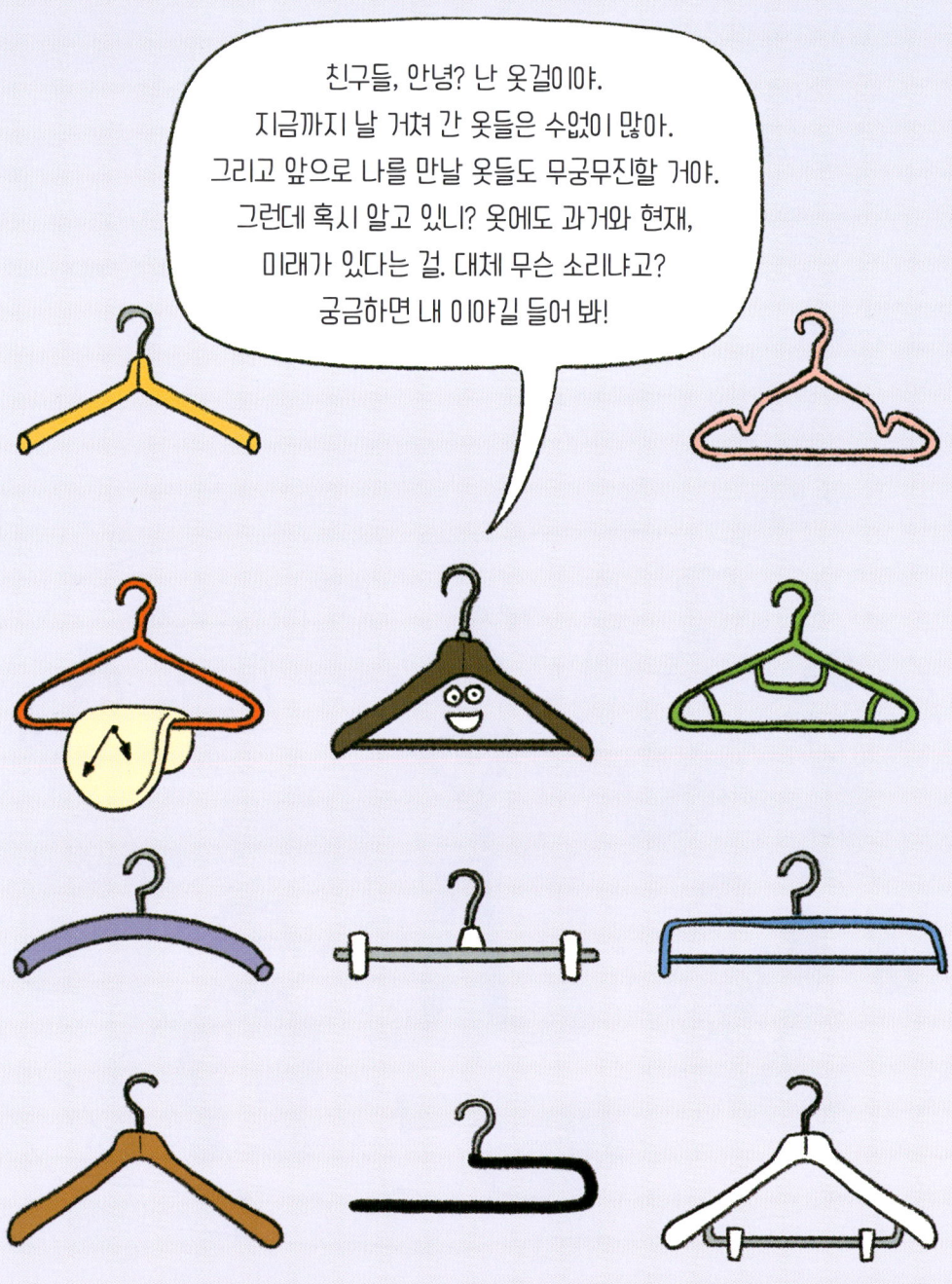

🔘 옷의 과거는 어떠했을까?

옷은 아주 오랜 역사를 갖고 있어. 계속 옷이라는 이름으로 불려 왔지만 옷은 아주 오랜 세월동안 다양한 모습으로 변해 왔어.

어떻게 변해 왔냐고? 옷을 입는 사람들의 생활 환경에 따라, 또 직업에 따라 조금씩 변했어. 그래서 과거에 사람들이 입었던 옷과 지금 우리가 입는 옷은 매우 다르단다.

과거의 옷을 한번 보렴. 사람들은 어떤 생활을 했을까? 과거에는 옷차림만 봐도 그 사람의 신분, 직업 등을 알 수 있었어. 일반 백성과 양반, 임금님이 입는 옷이 모두 달랐으니까. 그래서 과거에는 옷이 몸을 보호해 주는 기능뿐만 아니라 그 사람에 대한 정보를 주는 역할도 했어.

옷의 현재와 미래

거리를 바쁘게 오가는 사람들의 옷차림을 봐. 잘 살펴보지 않으면 요즘은 옷차림을 보고 그 사람의 신분이나 직업을 맞추기가 힘들어. 요즘은 일정한 돈을 지불하면 누구나 자기 마음에 드는 옷을 사서 입을 수 있거든. 그래서 어떤 신분의 사람만 입을 수 있는 옷 같은 건 없어. 물론 제복을 입은 사람들은 한눈에 그 사람의 직업을 알 수 있지만 말이야.

어떤 사람들은 옷차림에 무척 신경을 쓰지만 그렇지 않은 사람들도 많아. 돈이 아무리 많아도 옷에 비싼 돈을 들이지 않는 사람도 많거든. 옷은 몸을 보호해 주고, 예의만 차릴 수 있게 해 주면 된다는 생각을 가졌기 때문이지. 하지만 어떤 사람들은 옷이 곧 자신이라고 생각해서 비싼 옷을 입고 싶어 해. 그래서 자신의 주머니 사정을 신경 쓰지 않고 과하게 옷을 사는 경우도 있어.

요즘에는 멋뿐만 아니라 기능적인 면까지 고려한 실용적인 옷들도 많이 나오고 있어서 합리적으로 판단해 옷을 사는 사람이 늘어나고 있어.

앞으로 우리는 어떤 옷을 입게 될까? 사회가 시시각각 다르게 변해 가듯이 우리가 입는 옷들도 계속 변해 갈 거야.

미래 사회가 배경인 어떤 영화에서는 버튼만 누르면 입는 사람 체형에 딱 맞게 나오는 옷이 등장해. 언젠가는 입는 사람의 기분에 따라 색이 달라지는 옷이 생길지도 몰라.

어쩌면 우리가 살아가는 생활 환경에 맞는 옷이 만들어질 수도 있어. 예를 들어, 환경 오염이 점점 심해진다면, 나쁜 공기로부터 우리 몸을 보호할 수 있는 기능성 옷이 발명되겠지.

한번 상상해 봐. 앞으로 입고 싶고 필요한 옷은 무엇일지 말이야. 그런 상상이 미래의 새로운 옷으로 탄생하게 될 거야.

옷의 진정한 의미

세상에 태어나 죽을 때까지 하루도 빼놓지 않고 우리 몸을 감싸고 있는 옷. 옷을 입지 않고 생활할 수 있을까? 혼자 집 안에만 있다면 가능하겠지만 밖에 나가야 한다면 상상할 수도 없는 일이야. 게다가 옷을 입지 않고 거리를 돌아다니면 법에 걸릴 수도 있어. 옛날에는 치마 길이가 너무 짧으면 벌을 받기도 했대. 또 바지통이 너무 넓을 때에도 제재를 받기도 했어.

옷의 변화를 살펴보면 시대의 변화도 알 수 있어. 시대의 분위기에 따라 유행했던 옷이 달랐으니까. 우리가 매일 입고 생활해서 그 의미와 중요성을 잘 몰랐지만 옷은 여러 가지 의미를 갖고 있어. 우리가 매일 입는 필수품이면서 우리나라의 문화와 기술의 발전을 보여 주기도 하거든.

우리 몸을 보호해 주고 나를 표현해 주기도 하는 옷. 앞으로는 옷을 살 때 옷이 주는 의미에 대해서도 생각해 보면 정말 좋을 것 같아. 의미를 부여한 옷은 유행이나 가격과 상관없이 진짜 내 옷이 될 수 있을 테니까.

작가의 말

진정한 진짜 내 옷을 입어요!

이 책을 읽고 있는 지금, 어린이 친구들은 어떤 옷을 입고 있나요? 나를 돋보이게 해 줄 비싼 옷? 나에게 잘 어울리지는 않지만 최신 유행하는 옷? 내 몸처럼 편해서 언제 어디서나 즐겨 입는 옷?

사람이라면 누구나 태어난 순간부터 죽는 순간까지 옷을 입어요. 옷을 입지 않고 밖에 나가는 것을 상상할 수 없을 만큼 우리는 옷과 떨어질 수 없는 존재예요. 물론 아주 더운 나라에 사는 사람들 중 일부는 옷을 입지 않기도 해요. 하지만 그것은 그 나라만의 독특한 문화이고 대부분의 사람들은 옷을 입는 것이 당연한 일이고 예의라고 생각하지요.

옷은 먼지와 추위, 더위로부터 내 몸을 보호해 주기도 하고, 내가 어떤 성향의 사람인지 또는 어떤 직업을 가진 사람인지 드러내 준답니다.

또한 시대별로 입던 옷이 다르기도 하고, 특별한 장소에서만 입는 옷이 있기도 해요. 재미있는 것은 세계 여러 나라 사람들 모두가 좋아하는 옷이 있는가 하면, 각 나라의 환경과 문화에 맞게 발달해 온 옷들도 있다는 점이에요.

　이처럼 옷은 우리 삶과 아주 가까이 있어요. 그러다 보니 사람들은 옷에 관심이 많아요. 옷에 관련된 일을 하는 사람도 많고요.

　그런데 우리는 가끔 혼동하는 것 같아요. 옷이 나를 표현해 주는 것에만 너무 치중한 나머지 옷의 진짜 기능을 잊어버리는 것이지요. 그래서 그 옷이 어울리고 필요한지 생각하기보다는 남들이 많이 입는 옷인가, 남들이 알아줄 옷인가에 더 신경을 쓰는 것이지요.

　어린이 친구들 중에도 터무니없이 비싼 가격임에도 불구하고, 유행한다는 이유만으로 부모님을 졸라 어울리지도 않는 옷을 구입한 경험이 있지요? 실용성보다는 장식이나 디자인에만 치중해 옷을 사는 경우도 있을 것이고요. 친구들은 모두 가지고 있는데 나만 없으면 안 된다는 생각이 들기도 할 거예요.

　그래서 어린이 친구들이 진짜 자신에게 어울리는 옷을 선택할 수 있게 도움을 주고 싶어서 이 책을 쓰게 됐어요. 옷에 담긴 이야기들을 통해 내 옷을 멋지게 선택할 수 있는 친구들이 되길 바랄게요.

최형미, 현정